我们一起探索船的奇妙世界吧！

主　　编　林良徽

船

本册主编　张文博　田万会　李　钢

山东城市出版传媒集团·济南出版社

在我们的星球上有水的地方，就有文明的痕迹。有文明的地方，就有人类的踪迹。

遇到水时，人类如何通过？

于是，船的概念可能就此诞生。甚至，那个时候用来渡水的，还不能称之为船。

人类历史上最早的船来自何处，用什么造成，谁人所造，这些问题都已无从知晓。

但我们可以确定的是，船，是人类历史上一个重要的发明。因它的出现，人类认识和征服自然的能力达到了一个全新的高度，人类文明也因此开启了新的篇章。

《周易·系辞》：“刳木为舟，剡木为楫，舟楫之利，以济不通。”

渡水，只是船只的最基本功能。而随着人类社会发展进程，以济不通的范畴也愈加扩展。海的那头，未知的方向，需要船载着人类去突破。于是乎，船在促进物质发展与生产进步的同时，也解放了人类因交通方式而被禁锢于寸土的身体，更释放了他们无限宽广的思维天地。

《荀子》中这样写道：“假舟楫者，非能水也，而绝江河。”这句话，道出了水与船只的终极关系——人。人最终掌握驾驭的，是自己的思维之舟，驶向的是比前人更宽阔的世界之海、未来之洋。

目录

自然之船

功用之船

文化之船

古人是怎样渡水的？

当你乘船航行或在岸边看到大海上、江河里、湖泊中缓缓驶来形形色色的船舶时，会不会不由自主地想到：船是谁发明的？最早的船是什么样子的？

人类的祖先常与水相伴而生，看到水里的鱼想捕获，遇到江河想泅渡，采集到食物或猎获动物需要运输……人们盼望有一种水上工具能征服江河湖海。

后来，人们逐渐发现利用可以在水中漂浮的自然事物，如树木和芦苇，可以渡水。为了能更加平稳地浮在水面上，人们试着将两三根或更多的树木捆绑在一起制成简易的渡水工具。再后来，人们根据圆木和芦苇能浮在水面上的原理，制作了类似于筏或船的水上交通工具。因此，船的发明不是某一个人的创造，而是人类集体智慧的结晶。

葫芦——腰舟

现代黎族渡水葫芦，现藏于海南博物馆

葫芦具有质量轻、防湿性强、浮力大等特点，所以很早就被人类用作渡水工具。

中国古代称葫芦为瓠、匏、壶，后来又称蒲芦等。在浙江省余姚市河姆渡新石器时代遗址中发现的葫芦的种子，是中国早在7000年前就已栽培葫芦的有力证据。

古人把葫芦拴在腰间，借其浮力渡河，并将此工具称为腰舟。这种独特的水上“交通工具”至今在黎族聚居区仍被保留和使用着，它的存在见证着人类文明演进的历史，是人们研究水上交通工具发展史的“活化石”。

皮囊

人们从狩猎、采集时代进入到游牧农耕时代之后，在某些地区还出现过用牲畜的皮革制成皮囊浮具。唐人李筌在《神机制敌太白阴经》中写道：“浮囊，以浑脱羊皮，吹气令满，紧缚其孔，系于胁下，可以渡也。”由此可见，制作浮囊是把牲畜的皮革颈部和三个蹄部的孔口系牢，留一个蹄孔作为充气孔道。使用时，先把皮囊吹鼓，然后再结扎充气孔，便可制成渡水的浮具了。

筏

在远古时代，一根树干就是一件浮具。由于树干呈圆柱形，在水中会不停地滚动，为使其平稳，也是为获得更大的浮力，人们便将几根长度相似的树干并拢，用藤或绳捆绑成排，制成更为稳妥的浮具用以渡河，这便是“筏”的雏形。

中国南方盛产竹，竹筏便是水网密布的江南水乡最常见的渡河工具。人们用火将竹的两端炙烤后使其向上弯折，然后以藤条、野麻将若干根竹子编在一起制成竹筏。这样制成的竹筏在水中行驶时阻力较小，顺流而下时更是漂浮如飞。

生活在黄河流域的人们则会将若干皮囊编扎在一起，制成皮筏用以渡水。组成皮筏的皮囊少则有 6 ~ 13 个，多者可达 400 ~ 600 个。皮筏虽是较原始的渡水和运载工具，但因其具有制作简单、操纵灵活，安全可靠、不怕搁浅，成本低廉、不耗能源等特点，至今仍常被人使用。但皮筏也具有一定的局限性，其最大的缺点是不能逆水而行，故有“下水人乘筏，上水筏乘人”之谚。

“船”字造字之初的本义是什么？

船，会意字。从舟，古文字形体像条小船；从合，有顺着义，表示船是沿着水道而行走。本义是水上的运输工具。

《说文解字》：“舟：船也。古者共鼓、货狄刳木为舟，剡木为楫，以济不通。”（舟，船。古时候有共鼓、货狄两人，把木挖空来作船，把木削作桨，以渡过不能通过的水流。）

甲骨文、金文中的“舟”字，像一只小木船的简单形象，其本义为船。舟又用作器物名，古人称搁茶碗的小托盘为“茶舟”，今人也叫“茶船”。汉字中凡以舟为义符的字大都与船及其作用有关，如航、舫、舰、艇、艘等。

船的别称有哪些?

◎柏舟：柏木所做的船。《诗经·邶风·柏舟》：“泛彼柏舟，亦泛其流。耿耿不寐，如有隐忧。”

◎驳船：专载人或货物的小船。一般指非自航的货船，没有动力装置，由拖轮带动的船。《元史》：“省臣奏准，诸色户内顾募丁夫万人，日支盐粮钱二两，计用钞二万锭，于运司盐课及减驳船钱内支用。”

◎榜枻：船桨，引申为行船。《说苑·善说》：“会钟鼓之音毕，榜枻越人拥楫而歌。”

◎彩鹢：彩舟。鹢，水鸟名，古代常画鹢于船首并着以色彩，故称彩鹢。

◎舫：本指两船相并，后泛指船。《孔雀东南飞》：“青雀白鹄舫，四角龙子幡。”《琵琶行》：“东船西舫悄无言。”

◎舸：大船。《滕王阁序》：“舸舰弥津，青雀黄龙之轴。”

 你知道的船的别称还有哪些?

船家族有哪些成员?

一、运输舰船

运输舰船，是用于向陆上基地或岛屿运送人员、武器装备和军需物资的勤务舰船。

1. 客船；2. 杂货船；3. 集装箱船；4. 滚装船；5. 散货船；6. 木材船；7. 冷藏船；8. 活鱼运输船；9. 牲畜运输船；10. 载驳船；11. 渡船；12. 液货船；13. 多用途船。

二、工程船、工作船舶

工程船，是指专门从事某种水上或水下工程的船舶。其上装置有成套的工作机械以便完成特定的工作任务，如航道保证、港口作业、水利建设、海上施工、救助打捞等。

1. 破冰船；2. 敷缆船；3. 挖泥船；4. 消防船；5. 拖船；6. 渔船。

三、海洋开发用船

海洋开发用船，是一种专门从事海洋调查研究、海洋资源利用和海洋环境保护的船舶。

1. 海洋调查船；2. 钻井平台；3. 浮油回收船；4. 高速船：（1）水翼船；（2）气垫船；（3）地效翼船。

你在生活中见过哪些船？你可以把它的样子画下来吗?

宇宙飞船是船吗？

“船”是“船舶”的统称，是一种利用人力、风力等动力推进的水上交通工具。宇宙飞船因为不以水的浮力来支撑，也不在水上移动，所以虽然它的名字中有“船”字，但它实际上并不是船。

宇宙飞船又叫载人飞船，是保障宇航员在外层空间生活和工作，并帮助其返回地面的航天器。宇宙飞船可以独立进行航天活动，也可作为往返于地面和空间站之间的“渡船”，还能与空间站或其他航天器对接后进行联合飞行。宇宙飞船要用火箭的动力发射到太空，返回地面时，一般会利用降落伞在陆地或水面上降落。

1961年4月12日，苏联的“东方一号”载人宇宙飞船升空，并安全返回地面，而尤里·加加林也因此成为人类第一位进入太空的宇航员。

1969年7月16日，美国发射的“阿波罗11号”飞船，载有三名宇航员，经8天13小时18分钟35秒完成了人类首次登月飞行。

1999 年 11 月 20 日，中国第一艘宇宙飞船“神舟一号”试验飞行发射回收成功，这标志着中国航天技术迈出了十分重要的一步，该事件也被列入“20 世纪中国航天科技的十大新闻”。

2003 年 10 月 15 日，我国自行研制的“神舟五号”载人飞船在中国酒泉卫星发射中心发射升空，这是中国首次进行载人航天飞行。乘坐“神舟五号”载人飞船执行任务的航天员是杨利伟。他乘坐“神舟五号”飞船在太空中围绕地球飞行 14 圈，经过 21 小时 23 分的安全飞行后，于 2003 年 10 月 16 日 6 时 23 分在内蒙古主着陆场成功着陆返回。

舟、船、舰是一家吗？

舟：我是一个象形字，形似小船，两边像船帮，上、中、下部分别代表船头、船舱和船尾。在先秦的时候就已经有我了，我的本义是小船，我行动灵活、制作简单，但我装的东西不多哦。

船：我们家族的成员众多，大家的前进动力各不相同，有的依靠风力，有的依靠热力，还有的靠人力牵、拉、推、划来前进，我和伙伴们现在是人们在水上移动的主要交通运输工具。

舰：我是排水量在500吨以上军用的船只，主要用于军事方面，所以你也可以叫我“军舰”或是“海军舰艇”。我能在海上执行作战任务，是海军的主要装备。我被视为国家领土的一部分，只遵守本国的法律和公认的国际法。我主要用于海上机动作战，保护国家的海上交通线，参加登陆或抵抗登陆作战，担负着海上补给、运输、修理、救生、医疗、侦察、调查、测量、工程和试验等保障服务。看了我的介绍，你是不是也觉得我很厉害呀！

江船和海船有什么区别吗？

	江船	海船
航程	航程距离近	航程距离远
吨位	几百吨到上千吨	吨位可达几十万吨
船底	平底	尖底
造型	因内河风小，内河船舶的上层建筑可以造得相对高	因海上风浪较大，为减少甲板上浪，海船的干舷较高
航速	航速低	航速高
甲板设置	内河运输船往往都没有遮蔽甲板，货舱是露天的	运输类海船一般有遮蔽甲板
锚穴位置	锚穴布置在圆钝的船首处正中且只有一个锚穴	锚穴布置在船首两舷

你能根据上表，分别画出江船和海船的样子吗？

中国古代海船都有哪些？

中国是世界上造船史最悠久的国家之一。我国历史上出现过的船型约有上千种，这些丰富多样的船型体现了我国古代造船技术的发达和我国航海事业的发展。我国古代航海木帆船中的福船、沙船、广船、鸟船是较为有名的船舶类型，驰名中外。

富贵华丽的福船

福船是福建、浙江一带沿海尖底海船的通称，因其诞生于福建沿海一带而得名。福船“上平如衡，下侧如刃”，具有底尖、上阔、首昂口张、尾部高耸的船型特点。船体多层底板、水密隔舱的设计保证了其出海安全，特有的双舵设计，使其在浅海和深海海域都能进退自如。

我国的闽南地区属于丘陵地形，周围被山脉环绕，独特的地理环境促使当地居民向海洋拓展生活和社交需要，绵长的大陆海岸线和星罗棋布的沿海岛屿，使海洋航路成为当地与外界连接的便利渠道，为当地百姓提供了造船出海的天然便利。加之丘陵环境为福州造船业提供了丰富的自然资源，木材、铁、桐油、蛎灰、藤、棕、麻、生漆等材料都使福船更加坚实。这些得天独厚的条件，使福船成为中国古代出国使臣所用官船以及水师战船的主要船型，也是古代海船中最坚实可靠的船型之一。明代郑和七下西洋用的“郑和宝船”、明朝水师与葡萄牙远征舰队交火战船、郑成功收复台湾所用战船、清代早期东南贸易及海上移民用船、“海上丝绸之路”交通工具等，主要都属于福船。2010 年，福船制造技艺被联合国教科文组织列入“急需保护的非物质文化遗产名录”。

唐代船的代表——沙船

沙船，是一种平底、方头、方艄的海船，是我国最古老的船型之一，诞生于上海崇明一带。因其适于在水浅多沙滩的航道上航行，故名“沙船”，也叫“防沙平底船”。它在江河湖海中皆可航行，适航性特别强，“宽、大、扁、浅”是其最突出的特点。沙船的纵向结构采用“扁龙骨”，从而使纵向强度得到加强；横向结构则采用水密隔舱的工艺增强安全性。沙船这种纵横一体的结构，有效提高了它的抗沉能力。同时，沙船上还设有“太平篮”，当海上风浪大时，从船上适当位置放下装有石块的竹篮，悬于水中，就可使船减少摆动，确保航行安全。沙船的前身可以上溯到春秋时期，其船体形态在唐代逐渐成熟。沙船在宋代被称为“防沙平底船”，在元代被称为“平底船”，在明代才通称“沙船”。因此，沙船这种船型不是一开始就有的，它是经过历代渔民的不断改进发展而来的。

1990 年 9 月 29 日，上海的《解放日报》《文汇报》公布了上海市市标，图案中心扬帆出海的便是上海滩最古老的船舶——沙船。

上海市市标

灵活的广船

广船产于广东，以其地域得名。广船起源于春秋，成熟于唐宋，定型于元明，以首低尾高、上宽下窄、瘦尖底等为主要特征。广船用材珍贵，船的主梁、横梁等都是采用东南亚珍贵木材制成，它比福船更加庞大和坚固，有较好的适航性能和续航能力，适合在广阔的海面航行。多孔舵是广船最大的特点，即其舵叶上开有数列菱形的小孔，舵叶两侧的水流相通，既可以使转舵力矩大大减小，又保证了原有的舵效，使船只回转性好，操纵方便、灵活。

清代广船中，最著名的当属耆英号，此船建成于清道光二十六年（1846）。耆英号全长近 50 米，宽约 10 米，深 5 米，载重 750 吨；船体由柚木造成，共设 15 个水密隔舱；设三桅，主桅高 27 米，前后桅分别高 23 米和 15 米；主帆重达 9 吨，采用升降式船舵。1846 年至 1848 年期间，耆英号曾经从中国香港出发，经好望角及美国东岸到达英国，创下中国帆船航海最远的纪录，它的出现向工业化刚刚起步的西方国家展示了中国当时的航海及造船能力。

超级军舰——鸟船

鸟船是中国古代海船中极具代表性的一种船型，是中国“四大古船”之一。鸟船因船首形似鸟嘴而得名。在古代，生活于江浙一带的人们认为是鸟衔来稻谷种子，才造就了浙江的鱼米之乡，因此把船头做成鸟嘴状，表达对丰收的美好祈愿。

鸟船诞生于明嘉靖年间，最初船型修长，艏艉尖细，船身低矮，三桨一橹，可容纳三五十人，是浙江沿海常见的小型渔船。船型成熟后的鸟船船长约 10 米，船宽 3～4 米，一般采用三桅、扇形布帆或矩形竹篷，当主篷和头篷各向两舷张开，其正面和航行姿态极似鸟的双翼。鸟船的船首和船尾都有民俗彩绘，舷前部雕饰有龙目或鸟目或鱼眼，其上加饰绿色漆带，俗称“绿眉毛”。随着热火器的普及，明朝水军开始以鸟船作为近海战船，海战所用的鸟船分为单层和双层两种，每艘船装备的大小火炮，少则 18 门火炮，多则 36 门火炮。鸟船也以其操纵灵活、航速较快的特点，在清朝的近海战斗中屡立奇功。

轮船有轮吗？

车船

据《资治通鉴》记载，早在东晋义熙十三年（417），晋朝大将刘裕的部将王镇恶“溯渭而上，乘蒙冲小舰，行船者皆在舰内。秦人见舰进而无行船者，皆惊以为神”。这便是对世界上首次出现轮桨船（也叫车船）的真实生动的记录。

到了唐代，一位叫李皋的人发明了一种新式车船。这种车船的舷侧装有两个轮子，所以又叫车轮船。到了宋代，车船被大量应用，当时造车船的名匠高宣，曾设计并制作了10余种不同规格的车船，车船上一般装有2～8个车轮，最多时装有24个车轮。南宋时，我国还出现过有三层高、可乘坐千人的大型车船。

直至20世纪初，在我国南方还存在少量的车船。可见，车船在中国船舶发展史上具有重要的地位。

轮船

在船舶动力发展史上，蒸汽机的应用极大地推动了轮船的发展。早在1690年，法国人丹尼斯·帕潘就首先提出用蒸汽机作为动力装置来推动船舶，但因当时还没有可供大型船舶使用的蒸汽机，故并未能实现此设计。

1769年，法国发明家乔弗莱把蒸汽机装在船上，用其带动一组普通的木桨，由于航速并没有显著提升，故而也未能显示出蒸汽船的优越性。1802年，英国人西明顿采用了瓦特改进的蒸汽机，制造了世界上第一艘蒸汽动力船夏洛蒂·邓达斯号。但由于它在航行时会产生较大的波浪，因而受到拖船业主的反对，世界上第一艘蒸汽机轮船就此被扼杀在“摇篮”里。

1807年，美国青年富尔顿发明了克莱蒙特号，这是近代造船史上第一艘真正的汽船。克莱蒙特号的两侧装有两只大轮子（蹼轮），轮子的直径约4.6米，比一间房子还高。当这艘既不用桨又不用帆的大船在哈德逊河上行驶的时候，河两岸站满了看热闹的人。大家看着船舷上的大铁轮，听着那蹼轮拨水的“轧轧”声，就给这种船起了个名字——轮船。因蒸汽机轮船使用的推进工具是明轮，所以又称明轮船。克莱蒙特号的诞生标志着帆船时代的结束，汽船时代的开始。

正在试航的克莱蒙特号及其机械装置

尽管明轮推进器要比竹篙、划桨和摇橹等推进工具先进一些，但它的结构仍显笨重，效率也较低。而且当明轮船遇到风浪，明轮叶片部分或全部露出水面时，船舶会因风力所阻而不能稳定航行。1829 年，奥地利人约瑟夫・莱塞尔发明了船舶螺旋桨，解决了明轮推进效率低、易受风浪损坏等问题，此后螺旋桨推进器逐渐取代了明轮，成为船舶的主要推进工具。现代船舶大多以螺旋桨推进，明轮船就这样悄悄退出了航运舞台。

螺旋推进器又称螺旋桨，一般有 3 ~ 6 片叶片，表面呈螺旋形，叶片有宽有窄，还有各种各样的形状。螺旋推进器一般装在船尾。当桨叶转动时，叶片击水，水的反作用力便会推动船舶前进。螺旋桨的出现和应用被称为船舶工具的一大进步。螺旋桨不仅自身质量轻、做功效率高，还具有结构简单、牢固，深入水下，不易损坏的优势。

1884 年，英国发明家帕森斯设计出了以燃油为燃料的汽轮机。此后，汽轮机成为轮船的主要动力装置。轮船的发明和不断改进，使水上运输发生了革命性的变化。

早期的轮船是用明轮推进的

为何说橹的发明是我国对世界造船史的重大贡献?

摇橹是中国人特有的发明。中国人的早期船舶动力装置经历了从篙到桨再到橹的演进过程。竹篙撑船多出现在水流不深、竹可探底的流域；桨则是依靠水的反作用力来推进船只，每划一桨，划船者都要把桨叶提出水面为下一桨做准备；橹，则是一直置于水中，通过人力推拉不断划动，为船只提供连续的前进动力，因其工作效率更高，所以一直有“一橹三桨”的说法。橹的发明大大加快了船只航行的速度，因为摇橹时无须停顿，橹柄以橹支纽为支点，来回拨动，且橹的支点位于船脊上，故而可以使船更加平稳快速地向前移动。行家摇船时会把木橹掌握得服服帖帖的，能够使船在水中平稳而快速地前进。

◎《释名》说：“在旁曰橹。橹，膂也。用膂力然后舟行也。”在旁，是指橹的安装与操作位置。膂力，指以腰部为主并带动全身的力气以推动舟船前进。这段记载可准确地说明橹的出现最晚是在汉代。

◎《三国志》中“蒙至寻阳，尽伏其精兵䑳𦨴中，使白衣摇橹，作商贾人服”的这个“摇”字，便是对橹的使用方法的集中概括。

橹最初是安装在船侧的，后来单橹船的橹移到了船尾，只有有支橹的大船还保留着部分侧橹。橹的大小和数量依船的规模而定，有1人、2人、6人摇的橹，也有10人、20人甚至30人合摇的橹，大船的支橹一般有8～10支，多者则有36橹之多。

在中国的橹逐渐成熟后，17～18世纪，许多欧洲传教士把中国的橹带回了欧洲，将其称之为“yuloh”（摇橹的音译）。在传向西方的过程中，中国的橹也发生了一些变化，西方人将橹索省去，以手腕的力量调整橹板的角度，并不将橹固定在船上，而是放置于船帮的豁口里。这样的调整，使传入欧洲的橹，既可以当橹也可以当桨来使用。

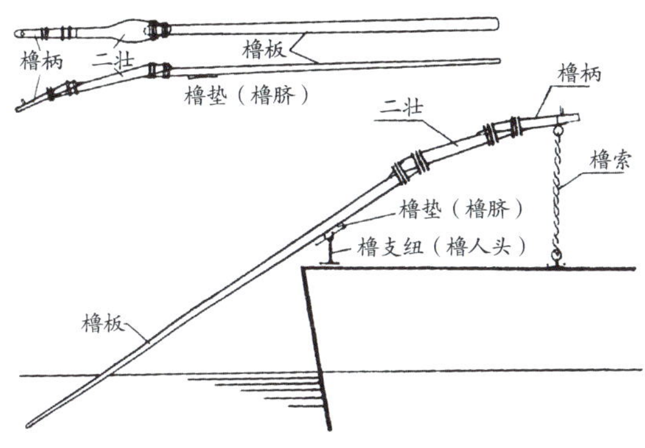

为什么说风帆的出现是船舶发展史上的里程碑？

帆，是推动船舶前进的推进工具。帆与桨、篙和橹一样，都是船的动力装置。与后三者不同的是，帆不仅借助自然动力推动船舶，同时还全面提升了船的航行水平。

帆是一种挂在船桅上利用风力使船前进的布篷，它有很多不同的形状：三角形、长方形、梯形……人们将帆固定在船的桅杆上，当风吹来时，船只就可以借助风力驶离港口。当航向或风向改变时，船员可以通过调整风帆的角度，使船只按照预定方向前进。

古埃及是已知最早出现帆船的地方。下面这只出土于埃及格尔塞的一处墓葬中的陶罐上，绘有目前已知的世界上最古老的帆船图案。它的帆为四角帆，中间用桅杆支撑，这种帆速度很快但只能顺风前进，因此船上还配有船桨，在航行中遇逆风便会降帆，依靠人力划桨前进。公元前 800 年的古希腊，加莱船开始登上历史舞台，其延续了古埃及船的船型，主要动力源于人力和风力，这一船型盛行于地中海水域 3000 年之久。公元 5 ~ 6 世纪，阿拉伯人发明的三角帆帆船在拜占庭帝国兴起，三角帆船摆脱了人力驱动，动力来源的变化使帆船远航成为可能。到了公元 8 世纪，维京人设计并使用的维京船蔚然成风，维京船分为战船和货船两类，战船较窄，质量轻，操纵起来灵活轻

涅伽达文化Ⅱ期（格尔塞时期）的陶罐

便，且很耐风浪；货船船身又高又宽，船体很重，在波涛汹涌的大海中载重航行时可保持稳定。进入大航海时代后，柯克船、卡拉维尔船、拿乌船、克拉克船、盖伦船等船型逐渐向战船方向演进，为 15 ~ 17 世纪的地理大发现提供了重要的交通和火力支持。随着轮船的不断发展，帆船也逐渐退出了远洋航运的历史舞台，如今的帆船更多的则是以体育项目的角色出现在人们的视野里。

欧洲文明的开拓与突进，很大程度上得益于帆船的发展。与此同时，重视农耕的中国，尽管并不擅长海上拓展，却也有独到的帆船文化。东汉末期的刘熙在《释名・释船》中写道：“帆，泛也，随风张幔曰帆，使舟疾泛泛然也。”这应该是中国人最早对帆的解释。据《南州异物志》记载，当时的帆船共有四个风帆，风帆并不直接迎风而立，而是横向且稍倾斜地面对迎风面，这种设计能使船只在逆风的情况下仍能保持高速航行，无须像西方帆船一样降帆。经过唐至清的发展，中国帆船逐渐出现了沙船、福船、鸟船、广船等船型，这些成熟船舰组成的船队使明朝特使郑和带领船队远洋东南亚甚至到达了非洲。

帆船的出现，使船只的航行脱离了人力的局限，航速和航区都有了巨大的拓展，促进了身处不同大陆的人们的经济、文化交流。可以说，风帆的出现是船舶发展史上重要的里程碑。

世界上有没有不依靠浮力的船？

在几千年的船舶发展历程中，船只所承受的浮力都完全等于船舶所排开的同体积水的重力。20 世纪下半叶，随着各种交通工具的高速发展，人们不断探索设计出各种新船型，部分船舶已不再完全靠浮力来支持了。

水翼艇

滑行艇在水面上高速滑行时，流体会对艇体产生举力，这时艇的吃水减少，所受浮力也相应减少，艇体便会由举力和浮力共同支撑。滑行艇加装水翼后，随着航速的提高，水翼产生的举力能将艇体抬起，当艇底被抬到水面以上时，其通水阻力便会明显降低，因此航速也会进一步提高。水翼艇的航速通常可达 50 海里 / 小时以上。

气垫船

气垫船是利用高压空气在船底和水面间形成气垫，使船体离开水面，从而大大减小船体航行时的阻力，提高船只航速。全垫升式气垫船可在水上、冰上和沼泽地带航行，而且有一定的越过障碍能力。

三点式滑行艇

三点式滑行艇是一种小型高速艇，其主要依靠动水压力支撑船体，航行时，船首会稍抬起，尾部在水中滑行，这种航行形态，可以有效减小航行阻力，提高航速。三点式滑行艇艇底呈“品”字形，动力为轻型内燃机或燃气轮机，水螺旋桨或喷水器推进，航速可达 40 ~ 50 海里 / 小时。军事上可作高速攻击艇，也可作游艇、赛艇、交通艇。

不论过去、现在和可以预见的未来，船舶都是人类常用的经济、安全、便捷的交通工具。如今船舶的使用早已超越了单纯的交通运输范畴，在渔业、旅游业、水上工程、海洋研究和开发以及海军建设等诸多领域也发挥着重要作用。随着船舶专业化、高速化和自动化的实现，船舶将更加全面而周到地为人类文明和进步服务。

功用之船

南湖的采菱船为什么是圆形的？

菱，原生于我国。我国栽植菱角，开始于周朝，兴于秦汉，盛于唐宋，至今已有三千余年栽培史。菱生长于水乡沼泽地带，通常在每年的秋季上市。成熟的菱角呈紫色，剥除外壳后形似元宝，称作菱角米，营养十分丰富，自古就深受人们喜爱。

采菱角的船很特别，比我们平时见到的船小很多，很像古时候人们用的澡盆，叫作黄菱盂。这是一种专门用来采摘菱角的水上交通工具，它是用木料做的正圆形木桶，在南湖，每到采菱的季节，到处都能看到这种圆木桶漂在水面上。人们用它采菱是因为采菱的时候双手必须贴近水面，而一般的船，船身翘起，离水面很远，采菱时非常费力，而且枝繁叶茂的菱藤长得相当厚实，小船根本划不进去，也很难转换方向，不便于采菱人采摘菱角。

清·潘振镛《采菱图》

黄河里为什么没有大型货轮？

在我国历史上，最早关于黄河航运的记载是春秋时期晋国的“泛舟之役”，这一事件的起因是当时晋国爆发饥荒，晋惠公向秦国借粮，秦国沿渭水横渡黄河后北上运粮，这是中国历史上第一次有明确记载的内陆河道水上运输事件。此后，从秦一直到北宋的一千多年间，黄河的漕运对内蒙古、陕西、山西和河南等沿河地区的经济发展起到了重要的促进作用。北宋之后，随着经济重心南移，南北之间的大运河承接了漕运的重要地位，黄河航运逐渐没落。

除了经济、政治因素外，黄河的自然条件也限制了其水运的发展。黄河水运最大的障碍就是巨大的地势落差，位于黄河中段的壶口一带由于巨大的高差和河道宽度差距，导致此段水域无法通航，勤劳的古代先人只能通过“旱地行船”的方法，将船只从陆上拉过这一河段，这就大大影响了黄河行船的承载量和航运规模。其次，由于黄河位于我国 1 月 0° 等温线以北，冬天许多河段都会结冰封河，导致无法通航，到了春天冰面融化，受“几”字形的河道影响，河流流向在低纬度和高纬度之间交替串流，上游的水流夹杂着冰层冲击下游时，就会造成“凌汛”，不仅会对两岸堤坝造成破坏，同时也会对河流运输造成很大的影响。另外，由于黄河的上游为卵石夹沙河床，河道较窄，水流深度不足，不能通航；下游泥沙含量较大，河水流量受季节影响较大，易发水患或断流，不易通航。

中华人民共和国成立后，党和国家充分认识到水利事业在治国兴国中的重大作用，对治理开发黄河极为重视，力争“要把黄河的事情办好”，着力开展修堤保持水土等工作，进一步开发利用黄河水利资源。《黄河航运发展区域合作框架性协议》的正式签署和《黄河水系航运规划报告》的发布，标志着黄河航运联合开发建设工作正式启动，相信在不久的将来，黄河“水运梦”定能实现。

水密隔舱对航海安全有什么影响？

水能载舟，亦能覆舟。船虽然能自如地漂浮在水面上，但普通船只一旦船体破损，水入船舱后，如不能及时堵住漏洞，最终都会沉没。在内陆河流中航行的船只在发现船体破损后，有时还来得及靠岸修理，但如果行驶在茫茫大海上的船只发生了严重的船体破损，那则会产生无法挽回的后果。为了提升船只航行的安全性，勤劳智慧的中国人发明了水密隔舱。

依据《义熙起居注》所记，晋代农民起义军领袖卢循于义熙年间（405—418）曾造八槽舰，有人认为这很有可能是一艘拥有八个水密隔舱的战船，这一点虽然还没有得到确切的证明，但当时的确已具备了制造水密隔舱的条件。1960年江苏扬州出土的唐代木船就设置有水密隔舱，这是世界上目前所发现的最早的水密隔舱。

宋元时期，我国船舶已普遍设置了水密隔舱，大船内隔有数舱乃至数十舱，且那时我国船舶的水密隔舱蜚声中外，而西方船只直至公元18世纪才应用了水密隔舱技术。近代钢船的水密舱壁周围角钢的铆焊方法，从功用到铆焊部位都与古船工艺极为相似。

水密隔舱是用隔舱板将船体严密分隔成若干个互不连通的舱室，再用捻缝技术，即用石灰、桐油填充缝隙防止隔舱之间出现渗水。这一技术不仅能使船只在航行中发生触礁等事故时，船舱不会整体进水，部分密闭的隔舱仍然能保持一定的浮力，使船只不致沉没，从而保护船员的生命安全，提高船只远航的安全性；还能通过分舱，将不同种类的货物放在不同的隔舱里，为装卸和管理货物提供了很大的便利。此外，舱板和船壳板紧密连接后，也起到了加固船体的作用，增加了船舶整体的横向强度，取代了设置船舱肋骨的步骤，使造船工艺简化。

2010 年 11 月 15 日，在联合国教科文组织保护非物质文化遗产政府间委员会第五次会议上，中国水密隔舱制造技艺被列入 2010 年“急需保护的非物质文化遗产名录”。

传说中的牵星术怎么测量？

牵星术是我国古代劳动人民的航海发明之一，是一种利用星宿位置（主要指北极星）及其与海平面的角高度（仰角）来确定航海中船舶所走位置及航行方向的方法，又称为天文航海术。

牵星术所用的牵星板是用乌木制成的正方形板，共有大小不一的 12 块板。最大的一块边长 24 厘米，最小的一块边长 2 厘米，每块边长递减 2 厘米，分别叫十二指，十一指……一指。木板的中心穿有一根细绳，绳子的长度是从人眼到手执木板伸直的距离。观测者使用时，要一手持木板，另一只手拉直绳子，使木板的上边缘对准星体，下边缘对准海平线，这样便能量出星体离海平面的高度。比如用牵星板观测北极星，左手拿木板一端的中心，手臂伸直，眼看天空，木板的上边缘是北极星，下边缘是海平线，这样就可以测出所在地的北极星距水平面的高度。求得北极星高度后，就可以大致计算出所在地的地理纬度。

北宋沈括在《梦溪笔谈》中提到过关于指南针的用法。据悉，沈括曾做过 4 种指南针装置方法的试验，包括水浮法、指甲旋定法、缕悬法、碗唇旋定法。水浮法即把指南针放在有水的碗里，使它浮在水面指示方向；指甲旋定法是把磁针放在手指甲盖上，使它轻轻转动，因手指甲光滑，磁针就会像司南一样旋转自如；缕悬法是在磁针中部涂上蜡，再黏上一根细丝线，把细丝线挂在没有风的地方使其指示方向；碗唇旋定法则是把磁针放在光滑的碗口的边上轻轻旋转，让它根据引力指示方向。根据试验结果，沈括认为缕悬法最好，因为用水浮法，水会动荡不定，结果不稳定，而指甲旋定法和碗唇旋定法则易导致磁针滑落，难以测量。此外，宋代徐兢在《宣和奉使高丽图经》中写道：“若晦暝，则用指南浮针，以揆南北。”由此可知，指南针是古代航海的重要导航工具，为古代航海事业发展做出重要贡献。

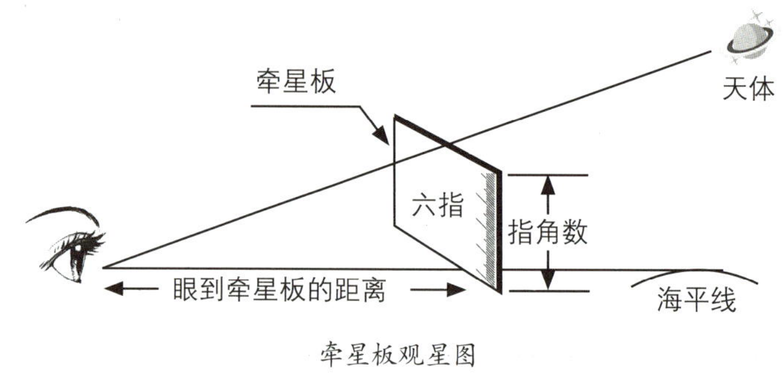

牵星板观星图

知识链接

中国是世界上海上交通发展最早的国家之一。早在两千多年前，中国使者就已远涉重洋，南抵赤道，东达日本。中国古代劳动人民在早期的海上活动中，就把天文知识应用于航海上，使中国成为最早掌握航海天文技术的国家之一。早在公元前2世纪，中国就有关于航海天文的记载，《淮南子·齐俗训》就用“夫乘舟而惑者，不知东西，见斗极则寤矣”来做比喻说明问题，可见，当时在茫茫大海中观星斗定航向，已是相当普遍的了。此后，随着航海事业的不断发展，有关航海天文的记载也日渐增多，主要有：

《抱扑子·外篇》：“夫群迷乎云梦者，必须指南以知道；并失乎沧海者，必仰辰极以得返……”

《佛国记》：“大海弥漫无边，不识东西，唯望日月星宿而进。”

《太平广记》：“梁汝南周舍，少好学，有才辩，顾谐被使高丽，以海路艰，问于舍，舍曰，昼则揆日而行，夜则考星而泊。”

《萍洲可谈》：“舟师识地理，夜则观星，昼则观日，阴晦观指南针……”

《宣和奉使高丽图经》：“是夜，洋中不可住维，视星斗前迈，若晦冥，则用指南浮针，以揆南北。”

《梦粱录》：“又论舟师，观海洋中日出日入，则知阴阳。”

上述记载，无疑是研究中国古代航海天文的重要史料，可惜记述过简，许多内容现已难以考实。

牵星板

现代军舰通信系统很发达，为什么还要保留旗语？

1793年，法国人克劳德·夏普利用十字架左右木臂上下移动所呈现出的位置和角度来表示各个字母用以通信，并将其称为“信号标”。据说1814年被放逐的拿破仑从厄尔巴岛潜逃回巴黎的消息就是利用此方法迅速传遍欧洲。

双旗式旗语的旗手双手各拿一面方旗，每只手可指7种方向，除了待机信号之外，两旗不会重叠。旗帜上沿对角线分割为两色，在陆地上使用的为红色和白色，在海上使用的为红色和黄色。基础旗语可打出字母和数字，但通过一些编码规范的转译，例如中文电码，还可以传达更复杂的信息。

旗语是为了适应航海等远距离听觉和视觉局限发明的用旗子舞动的动态视觉符号，是一种利用旗帜传递信号的沟通方式，旗语通信分为旗号通信和手旗通信。旗号通信，是以悬挂各种不同式样和颜色的旗子表示通信内容；手旗通信，是以两面手旗的不同部位表示通信内容。旗语通信主要用于下达简短命令、保障协同和相互识别。

旗语是海军的传统通信联系方式，早在大航海时代，旗语就得到了发展和广泛的应用。现代海军尽管已经拥有了较为先进的通信方式，但旗语至今仍被世界各国海军都保留、沿用，在执行任务的时候，编队为了保持无线电静默还是会使用旗语进行沟通。除了必要的沟通功能，当各国海军相互访问时，本国军舰也会通过旗语对其进行欢迎，并悬挂彩旗对其表示尊重。

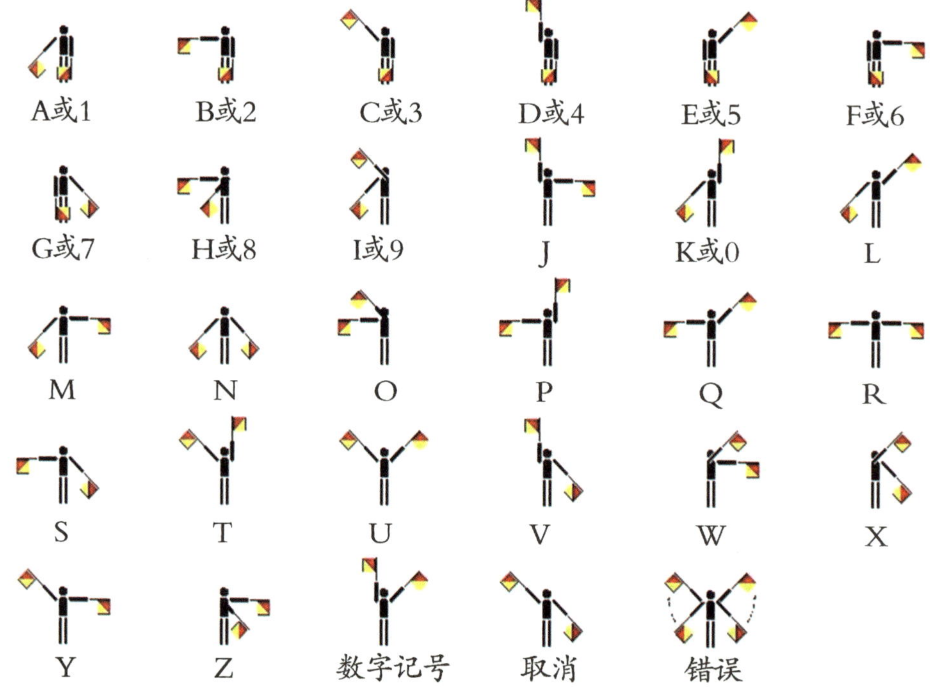

船为什么不设计成方形的？

世界上最大的动物是什么？是生活在海洋里的哺乳动物——鲸。其中，最大的蓝鲸身长可达 30 米，体重 100 吨左右，相当于 30 头大象或 1000 头公牛。谁能想到，如此庞大的大鲸，竟是海洋中最优秀的游泳健将之一。“海上霸王”虎鲸，每小时可游 55 千米，上百吨的抹香鲸还是海洋中的潜水冠军呢！另外，鲸还有这样一些本领：既能从静止不动立即达到全速游动，又能马上“刹车”；既能快速下潜，也能快速上浮。这些本领，令很多舰艇都望尘莫及。

船舰设计师从鲸的体型上获得了启发，将大型船舰的前部设计成尖形，这样的船首既可以在行驶时起到破浪作用，又可以减小阻力。船尾部的形态则经历了多次变革，15 世纪的大部分船舰尾部都是方形，因为当时船尾是船长的住所，方形船尾不仅可以使内部空间更为宽敞，还能配以较为华丽的装饰。蒸汽铁甲船出现后，船舰的尾部逐渐演变为椭圆形，这种设计虽然减弱了船体航行时所受的阻力，但牺牲了一定的稳定性。如今的大型船舰尾部，以齐平的椭圆船尾为主，即在椭圆船尾的基础上，横切一刀变成流线方形船尾，在保证船体稳定性的同时，尽可能减少船体航行所受的阻力。

在对鲸的形态和游速进行过深入研究后，如今的许多客轮、货轮的水下部分由原来的刀形，改为了现在的鲸形，进一步有效提高了船舰的航行速度。

船为什么能浮在水面上？

如果我们往水里扔块小石头，它会溅起水花，然后很快下沉。

那么，在水中行驶的轮船又重又大，为什么不会沉入水中呢？

早在2000多年前，古希腊的科学家阿基米德就提出，物体所受浮力的大小等于物体所能排开的液体所受的重力。轮船设计师根据这个原理，将轮船设计成一个巨大的空壳，通过增大轮船的排水体积，使轮船受到与之相适应的海水浮力，从而使其能够在水上航行，不至下沉。

橡皮泥小船制作比赛

一、材料准备

教师准备：水槽一个，橡皮泥若干，玻璃弹珠若干。

学生准备：制作个性小船需要的各种工具。

二、比赛规则

1. 每组同学用同体积的同种橡皮泥，制作个性小船，限时15分钟。

2. 小船制作完成后，放入水槽中，比一比哪个小组的小船能承载更多的弹珠。

3. 比赛时间10分钟。

三、评选标准

哪个小组的船装载得最多，哪个小组获胜。

四、经验介绍

请小船装载量最大的小组上台介绍其设计理念和制作经验。

为什么潜水艇能够在水中自由上浮或下潜?

潜水艇，又称潜艇或潜水船、潜舰，是一种能在水下运行的舰艇。潜水艇是世界公认的战略性武器，它既能在水下机动灵活地航行，攻击敌方水上的战舰和水下的潜艇，又可以袭击陆地上的重要军事目标，必要时它还可以担负布雷、侦察及运输兵员和重要军事物资等重任。潜水艇具有很好的隐蔽性和突然袭击能力，在水中可以长时间、长距离地持续航行。

那么，潜水艇是怎样实现上浮和下潜的呢?

潜水艇在水中能自由下潜、上浮，甚至悬停，其实是借助了鱼鳔的仿生学原理。鱼的体内有一种叫鳔的器官，能在肌肉的控制下收缩或膨胀，它的变化能改变鱼在水中的体积，使鱼在水中所受浮力随之改变，从而自由地上浮或下沉。人们受此启发，也在潜水艇的两侧设计了主压载水舱，通过对这些舱室注水或排水，改变潜水艇的自重，实现其自由浮动。当潜水艇下潜时，主压载水舱会开始自动注水，将舱内空气排出，增加潜艇自重，使舱体下沉；潜水艇上浮时，主压载水舱会利用高压气体把主压载水舱的水压出艇外，减少自重，这时潜水艇便可浮出水面。

为了更好地控制潜水艇在水中的航行状态，人们还为潜艇装载了补重水舱、快潜水舱等辅助压载水舱。比如，发射鱼雷或导弹以后，潜水艇的质量会发生改变，这时就需要补重水舱来补偿已发射的鱼雷和导弹的质量。在紧急情况下需要急速下潜时，仅靠主压载水舱是不够的，还需要快潜水舱的帮忙，以加快潜水艇的下潜速度。此外，大部分潜水艇上还安装了水平舵，又叫升降舵，它们可以在潜水艇运动时保持艇首和艇尾的高差，以控制潜水艇的航行方向和深度。

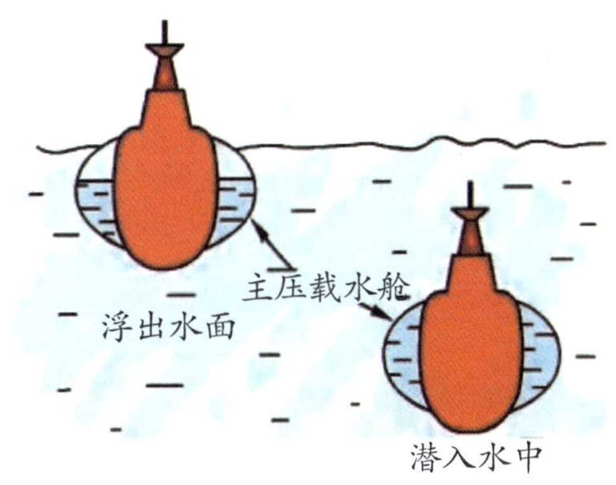

《清明上河图》体现了哪些汴河船的时代特征？

宋代画师张择端所绘的《清明上河图》是中国古代最著名的风俗画之一，属于稀世珍品，堪称国宝。《清明上河图》为绢本，设色，纵 24.8 厘米，横 528 厘米，画中通过对汴梁的水陆交通运输、市井街巷、百姓生活的描绘，反映出北宋都城汴京汴河两岸物阜民丰、四方辐辏的繁荣景象，真实还原了北宋都城汴京的空前盛况，有人说它："不是照片，胜似照片。"

《清明上河图》对河流的描绘占整个画卷的比例较大，河上二十余艘船是画家所着力表现的对象。这些船大致可以分为三类：漕船、货船、客船。

漕船运载汴京粮

汴河是为漕运而开凿的河流，张方平在《乐全集》中说："大众之命，惟汴河是赖。"在《清明上河图》中，作者花费了大量笔墨描绘了用以运粮的漕船，这类船不管体量大小，都有一个共同的特征——拱形舱，这样的船体结构使它相较于常规房舱用料更省、更轻，船只吃水更浅，更利于在汴河上航行。

飞虹桥下走货船

货船与漕船同为用于物资转运的船只，《清明上河图》中的货船上建有房舱型的货舱，两舷都装有排门板，通道口与甲板前后门口的动线十分通畅，有利于货物的搬运。

汴河客船竞风流

唐宋时经济的发达，也促进了文化繁荣，因此当时的客船形态变得更加优雅华丽。《清明上河图》中的客船整体分为前舱、主舱和艄舱，客船舱顶外搭有守夜棚。除此之外，船体上还有前后两个门庭，房舱隔板屏风上还留有放置书画的位置。

汴河上繁忙的漕船、货船与客船，直接反映了宋代水上运输的发展状况，是宋代商业繁华的见证。水运不但降低了物流与交易成本，还使得长途贸易与大宗贸易成为可能。

清·张择端《清明上河图》（局部）

为何劳工号子会出现在黄河一带？

黄河船工祖祖辈辈漂泊在黄河中的木船上。他们对黄河了如指掌，把船只视为家珍。在与黄河风浪搏斗中，船工们创作出了丰富多彩、独具特色的黄河号子。声声号子，抒发了船工们复杂的感情，反映出他们的喜、怒、哀、乐、忧、怨、悲、欢。黄河船工号子，是船民生活的旋律。黄河船工从来是不行“哑巴船”，船工们一投入工作，就开始唱“黄河叫号”，招呼大家准备行船。船在岸上检修后拖船下水时唱“威标号”，接着有“起锚号”“搭篷号”“扬蛮号”（船工们忌用“翻”音，故以“扬蛮号”代指“扬帆号”），纤拉船只时使用最多的是“拉纤喂喂号”。黄河的拉纤号，有清早拉纤号和晚上拉纤号之分，虽曲调相同，但歌词内容是不一样的。

黄河中下游的船工，经常会推船横渡黄河，在劳动实践中，船工们摸索出了向前抛锚，然后借助水的冲力推船横渡的劳动方法，于是，船工们就创造出了急促有力的“抛锚号”和“抡大锚号”。另外，船调头时有“带冲号”，撑船时有“跌脚号”，快到码头时有“大跺脚号”，在两船之间穿行时有“车挡号”，等等。从出发到停船，船工们的每一个劳动过程，都有号子相伴。

随着河道的变化，船工们还创造出了各种形式的劳动号子，以适应劳动节奏的变化。民间有句俗话叫“船行三门峡，如过鬼门关”，三门峡是黄河最险恶的河段之一，明礁暗石，水势凶猛。所以，船工们在这些河段里行船时，必须有同舟共济之心，故而在这段水域劳动时船工们的号子中几乎没有唱词，全用“嗨、嗨”的语气助词组成，以凝聚人心，使大家集中精力拉船。黄河流出豫西山地，进入华北平原以后，没有了那种奔腾无羁的气势，缓缓泻入渤海，船工们的黄河号子也随之变得缓慢悠扬，颇具情趣。黄河船工长年累月地航行在千里河道上，对黄河两岸的一山一石、一草一木都非常熟悉。船工们在用号子调节单调、繁重的体力劳动的同时，也用歌声来描绘山川景色，抒发他们热爱大自然的感情。黄河船工号子不仅有指挥劳动、鼓舞劳动情绪的实用价值，也使人们从中体会到黄河行船独特的风俗民情，是我国民间音乐中的一朵原生态音乐奇葩。

从无到有、历经巅峰的漕运最终为何会没落？

今天我们从北京寄送一件快递到浙江杭州需要多久，你知道吗？

那么在遥远的唐代，从幽州（今北京）寄送一个包裹到钱塘（今杭州）需要多久呢？在交通网络不发达的古代社会，人们为了使皇室贡品、朝廷俸禄、军饷民粮等能够及时送达，开辟了漕运这一独特的货物运输方式。漕运，即通过运河连通天然河道转运粮食（以公粮为主）的运输方式。中国历史上的漕运起于秦，终于清末，前后存在了两千余年。

秦汉漕运

秦汉两朝，漕粮经由横贯中原的黄河和渭水运抵都城长安。但是，由于当时的社会政治、经济制度尚处于起步阶段，秦汉时期只产生了漕运的雏形，缺乏统一的组织和计划，没有形成较大的规模。

隋代漕运

公元605年，隋炀帝开凿大运河，将海河、黄河、淮河、长江和钱塘江五大水系连接成了庞大的运河水运网，使得大量物资可由扬州装船启航，经由通济渠、永济渠，在今天津西南的独流口折向西北，通过永定河故道运抵涿郡（今北京）。这条内河漕运航线，促进了淮南地区的快速发展，运河沿岸的魏州、汴州、楚州、扬州、苏州等城市也日趋繁荣。

唐代漕运

唐代是漕运发展的重要时期，这时的漕运已经具备了基本的管理制度，设有水陆转运使官职，专督漕运事务。

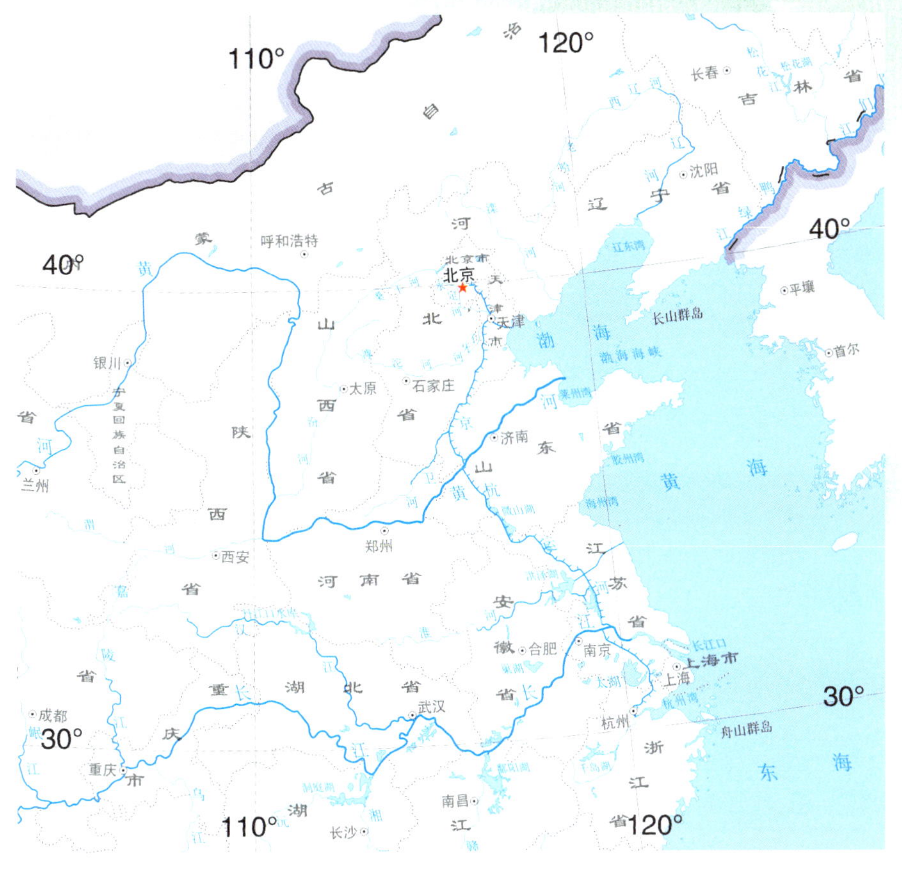

如今的京杭大运河

唐代漕运线路由秦汉的东西走向变为东南—西北走向，在承袭隋代的仓储制度的基础上，又在汴河与黄河的交叉点上设置河阴仓，在河西河清县（今河南孟县西南）设置柏崖仓，在黄河北岸设置集津仓、盐仓（即三门仓），并扩建了洛阳的含嘉仓和长安的太仓。据记载，唐开元年间至天宝年间，漕粮的年运量基本都能保持在 200 万石左右，最高时可达每年 400 万石，达到了唐代年漕运量的顶峰。

宋代漕运

北宋在唐代分段转运这一运输方法的基础上，进一步丰富各项内容，形成了“转搬法”。宋代的漕运网更为密集，漕运物资的种类也格外丰富，除漕粮以外，还有从南方运来的金银、布帛、皮革、茶叶、香药等物资。

元代漕运

元朝定都大都（今北京），北方地区的用粮仍依赖江南地区供给。此时原有东南—西北走向的运道已不能适应元朝政府的漕运需要了，于是，元世祖下令开凿会通河、通惠河等河道，形成南北大运河新格局。大运河南北全线贯通后将隋代始创的“之”字形运河路线拉直，缩短了航程，为明清漕运的发达奠定了基础。

但是，由于新开河道岸狭水浅，载重漕船难以运行，元代漕运渐渐开始另辟蹊径，依靠江浙地区濒临大海的优势，通过海运提升了航运速度和运力。

明代漕运

自 1415 年起，明朝规定漕运全部只能通过内河进行，运河也随之成为水路运输货物的主要载体。在这一时期，运河上漕船、商船的数量都大幅提升，至明代后期，在运河上的商船运输总量已超过漕船运输总量。

清代漕运

清代的漕运进一步促进了南北方的经济贸易，北上的漕船大多会携带南方的手工业品及当地特产到北方销售，而在漕船南返时，则主要运输北方的梨、枣之类的果品和小麦、黄豆等粮食作物及其他北方特产。

但由于清代道光年间黄河泛滥，运河航道受阻，内河漕运逐渐向海运转移。1901 年，清政府财政状况日益恶化，朝廷已无力承担漕运费用，故下令停止运河漕运，漕粮也从原先的征实改为折合货币征收。1904 年，撤废漕运总督，至此，漕运正式退出了历史舞台。

轮船底部为什么大多是红色的?

从前，传统水上交通工具，无论是小舟、帆船、大型船只都是木质的，因为当时人们大多是就地取材，很多木材的材质好、韧性强，所造之船浮力大、能载重、轻巧灵敏、坚固耐用。但由于海水具有腐蚀性，而木材最大的弱点是容易腐烂，同时海底很多寄生物都会在被海水浸湿的木头里繁衍、筑巢，它们的寄生会大大削减木质船舶的使用寿命，并增加船只质量，长此以往，不仅会增加航行负担，更会威胁船只航行安全。

随着工业时代的到来，人们开始使用铁甲包裹船只的外层，这样既可以加强船只的防御力，又不用担心海水中的各种寄生生物会破坏船底的结构。但是，金属材料长期浸泡在高盐度的海水里也会被腐蚀，而且虽然寄生虫无法钻入船只寄宿，可像藤壶这种有一定附着力的动植物依旧会攀附在船底。于是，人们想到在船底刷上一些涂料，使这些生物无法在船底攀附生存。船舶设计师在船底防锈漆的基础上增加了氧化亚铜、氧化汞、酚醛等有害物质，使这些寄生生物一旦附着上来就会中毒死亡。由于这些化学物质大多是红色的，所以现在的船只底部大多是红色的。同时，船舶制造商还会刻意在涂料中加入红色色素，以此来引起人们的关注，避免接触船只的有毒部分。

内陆何来“一只船”？

“一只船”的由来

“一只船”是兰州市唯一一个以“船”命名的地方，可兰州作为内陆城市，为何会有与船有关的地名？“一只船”的背后，有着怎样的历史渊源？据当地老人说，“一只船”这个地名，最早可以追溯到清代，这里曾是暂放江南亡故战士灵柩的义园。清朝末年，政局腐败，边陲动乱，时年68岁的晚清名将左宗棠率部征伐河西，进军新疆。为了能让在战争中阵亡的将士们魂有归处，并寄托仍在沙场征战的南方将士们的思乡之情，左宗棠便下令在此修建义园，暂存亡故战士的灵柩。左宗棠亲自审定了义园的建构方案，整个陵园的外形轮廓是一艘朝南的大船，园内有高耸入云的旗杆，酷似大船的桅杆，建筑的周角上设计有弯曲高翘的飞檐，象征着劈波斩浪的船头。于是，当时的人们就根据义园的外形，把这个地方叫作“一只船”，这个名称一直沿用到今天。时至今日，那形似大船的义园已不复存在，但在一只船小学中，孩子的琅琅书声正回荡在这片土地上，左公和他所带领的湖湘子弟的英灵若能见到今日的“一只船”，定能得以告慰。

左宗棠收复新疆

1876年4月，已过花甲之年的左宗棠率领以湘军为主力的西征军约7万人，踏上了收复新疆的征程。深得用兵之道的左宗棠以“先北后南，缓进急战”为战略思想，首先打击北疆的薄弱之敌，而后攻击南疆的敌军主力，迅速平定了阿古柏叛军，并于次年年底顺利收复了南北疆。其间，以李鸿章为代表的海防派借机生事，发出“廷臣聚议，西征耗费巨款，今乌城、吐鲁番既得，可以休兵”的敕令。左宗棠不以为然，上疏抗旨，据理力争，成功说服慈禧太后，收复新疆之战才得以继续。

收复南北疆之后，左宗棠面临着更大的挑战，那便是夺回被俄国侵占的伊犁。据史料记载，左宗棠因为年事已高，加之军务繁忙，常咳血于营帐，但是他不为所动，抬棺进军，抱着必死之心，誓要收复伊犁！1880年，左宗棠上书朝廷，力陈自己要在新疆设省的主张，并建议朝廷派遣要员与俄国进行谈判，力争用政治手段督促俄国归还伊犁。左宗棠利用俄国侵占伊犁之初“俟关内外肃清……当即交还”的口头承诺落下的口实，看准当时俄国因连年战争国力虚弱，认为以政治手段收复新疆大有希望。俄国初时不肯放弃既得利益，后来迫于国内外的压力，尤其由于在与土耳其的战争中大伤元气，觉得为了伊犁与清政府开战得不偿失，因此在清政府于通商、赔款等方面做出部分让步之后，终于将伊犁交回我国。此后，左宗棠立足新疆，发展地方经济，大力兴办屯垦业，功绩遗泽至今。1884年，清政府在左宗棠的再三奏请下，正式在新疆设省。

左宗棠（1812—1885），字季高，一字朴存，号湘上农人，湖南湘阴（今湖南省岳阳市湘阴县）人。政治家、军事家、诗人，洋务派代表人物之一。

左宗棠是清末湘军首领之一，一生经历了湘军平定太平天国运动、洋务运动和收复新疆等重要历史事件，造就了一批优秀的中国近代工业技术人才和杰出的海军将士，在中国近代史上留下了浓墨重彩的一笔，是中国近代化的先驱者，近代中国国家主权完整的捍卫者，中华优秀传统文化的发展者、传承者。与曾国藩、张之洞、李鸿章并称为“晚清中兴四大名臣”。左宗棠著有《楚军营制》《朴存阁农书》等。

我国渔民出海有哪些习俗?

在我国的东部沿海地区，许多渔民靠海而生，一代又一代地传承着作为渔民的传统习俗。

父子不同船

旧时的许多行业都是靠家族延续传承，渔民的儿子一般也是渔民。许多人会认为在家族传承的行业中，血缘是最可靠的连接。但若是出海打鱼，渔民则绝不会父子同船出海，以免在发生意外时，整个家族后嗣断绝。这表达了在宗族观念影响下，人们对子嗣和家族血缘的重视。

登船不喝酒

现在人们常说“喝酒不开车，开车不喝酒”，其实乘船出海也是同样的道理。在山东威海，无论是渔民还是船员，酒量通常都不错，但为了确保航行安全，他们登船出海时，无论负责什么岗位，绝对不能饮酒，甚至严禁任何人带酒上船。

开洋

旧时人们把渔船出海称作“开洋”，每年开海后第一次“开洋”，渔民们都举办隆重的仪式迎接渔季，人们盛装集会载歌载舞，并用丰富的祭品祭祀海神，以祈求平安和丰收。开洋节作为国家级非物质文化遗产，承载着勤劳、勇敢的渔民对美好生活的向往和希冀。

留苗

中国渔民自古以来就懂得保护海洋资源，他们称尚未长大的小鱼小虾为“苗”。千百年来，中国渔民们始终保持着留苗的传统，在进行海捕时，主动放生尚未长大的海产生物，这既是给海洋生物留活路，又是给自己子孙留财富，故而有民谚说“春捞秋捕，夏养冬斗”。

为什么有些船头要涂上眼睛?

渔家姑娘抹鱼泪

相传，在很久以前，有户渔家，父女两人以捕鱼为生，相依为命。渔夫忠厚勤劳，女儿聪慧善良，父女俩过着与世无争的安逸生活。有一次，渔夫出海捕鱼，网到了一条模样古怪的大鱼，它有着一双特别灵动的大眼睛。被捕捞上岸的大鱼非常伤心，它目不转睛地盯着渔家父女，最后竟然两眼直流眼泪。善良的渔家姑娘很同情它，一边心疼地给它擦眼泪，一边抱着它要送还大海。此时，渔家姑娘不经意间用擦了大鱼眼泪的手帕擦了一下自己的眼睛，忽然，她觉得自己的眼睛变得特别的明亮，竟能看透海底，观察到鱼群和暗礁。从此，这位渔家姑娘有了一双神眼，她带领和指点渔村渔民出海捕鱼，网网必满，每每满仓而归。

后来，村里渔霸得知此事，就仗势欺人诬告渔家姑娘是海妖，把她抓起来关入土牢，威逼她说出“神眼”的秘密。渔家姑娘坚决不从，但她也很清楚，即便自己能守住这个秘密，渔霸也不会轻易放过自己。于是她毅然把自己的双眼挖了出来，请父亲放到船头上，继续为渔船引航，这就是传说中船头绘有眼睛的由来。

面对洪水，中西方做出怎样不同的选择？

诺亚方舟

耶和华希望诺亚来做人类的祖先，于是他决定用一场大雨把其他所有人都毁灭，只放过诺亚一家。

耶和华来到诺亚处，要他造一条船。这船要有 137 米长，23 米宽，13 米高，跟现代的远洋渡轮差不多大。诺亚不顾邻居们的嘲笑，和儿子们下定决心制作一艘大船。他们伐倒巨柏，用来做船的龙骨和船的两舷，并在上面抹上沥青，以保持底舱的干燥。等第三层甲板铺好以后，他们还造了一个顶篷。顶篷是用重木造成，以抵挡即将荡涤这个世界的暴雨。他们四处狩猎，把动物们赶上船，以躲避大雨。然后，诺亚就和家里的三个儿子和三个儿媳一起做好了启航的准备。

在这天夜半时分，天空开始下雨了，而且一下就是 40 个昼夜。雨后，大地顿成泽国，诺亚一家和躲进方舟中的动物们成了这场可怕洪灾后仅存的生灵。最终，耶和华用一阵狂风吹散了乌云，阳光重现，照耀着汹涌的波涛，正如创世之初一般。

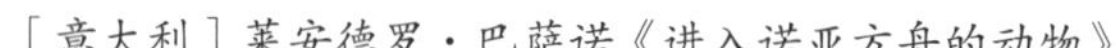

[意大利] 莱安德罗·巴萨诺《进入诺亚方舟的动物》

大禹治水

很久很久以前，洪水经常泛滥。大水淹没了田地，冲毁了房屋，毒蛇猛兽到处伤害牲畜和百姓，人们的生活痛苦极了。

洪水给百姓带来了无数的灾难，必须治好它。当时，一个名叫鲧的人领着大家治水。他只知道筑坝挡水，九年过去了，洪水仍然没有消退。他的儿子禹继续治水。

禹离开了家乡，一去就是十三年。这十三年里，他到处奔走，曾经三次路过自己家门口。可是他认为治水要紧，一次也没有走进家门看一看。禹吸取了鲧治水失败的教训，采取疏导的办法治水。他和千千万万的人一起，开通了很多河道，让洪水通过河道，最后流到大海里去。

洪水终于退了，毒蛇猛兽被驱赶走了，人们把家搬了回来。大家在被水淹过的土地上耕种，农业生产渐渐恢复了，百姓重新过上了安居乐业的生活。

清·谢遂《仿唐人大禹治水图轴》

嘉兴“游船”为什么被誉为“红船”？

在浙江嘉兴的南湖上，停靠着一艘红船。这艘小小红船，已先后迎来了3000多万人次参观。世上恐怕再没有第二艘船能够像它一样受人敬仰。

1921年7月23日，中国共产党第一次全国代表大会在上海举行。7月30日，法租界巡捕房密探突然闯入会场，会议被迫中断。事发之后，代表们主张把会址移到杭州西湖，但由于西湖游人多、易暴露，且从上海到杭州费时也多，故而这一意见并未被采纳。王会悟建议去她的家乡浙江嘉兴，在南湖租游船开会。因上海去嘉兴通火车，当天可来回，且在南湖开会既安全又方便，此建议得到代表们一致赞同。于是，大家决定到嘉兴南湖的一条游船上举行最后一天的会议。

就在这艘船上，中国共产党宣告成立。大会闭幕的时候，有人提议：“让我们再喊一遍口号吧，记得声音要轻一点。”全体代表轻声地喊出了时代的最强音：“共产党万岁！第三国际万岁！共产主义——人类的解放者万岁！”声音低沉却铿锵有力。这条船见证了党的诞生，因而也获得了一个永载中国革命史册的名字——“红船”。

从这艘小小的红船出发，我们党走向井冈山，走向延安，走向西柏坡……

2005 年 6 月，时任浙江省委书记的习近平同志在庆祝建党 84 周年前夕，于《光明日报》发表《弘扬“红船精神”，走在时代前列》一文，首次提出并阐释了“红船精神”——开天辟地、敢为人先的首创精神，坚定理想、百折不挠的奋斗精神，立党为公、忠诚为民的奉献精神。

人们如何用各种水上运动表现进取精神？

帆船运动

帆船比赛是运动员驾驶帆船在规定的距离内比赛航速的一项水上运动。帆船比赛用的通常是由船体、桅杆、舵、稳向极、索具等部件构成的小而轻的单桅船。帆船运动中，运动员依靠自然风力的推动，驾驶船只前进。帆船运动是一项集竞技、娱乐、观赏、探险于一体的体育运动项目。它具有较高的观赏性，备受人们喜爱。经常从事帆船运动，能增强体质，锻炼意志。驾驶帆船在气象、水文条件的不断变化的大海中迎风斗浪，能培养人们战胜自然、挑战自我的拼搏精神。

帆船运动作为一种比赛项目，最早的文字记载见于 1900 多年以前古罗马诗人维吉尔的作品中。现代帆船运动起源于荷兰。1662 年，查理二世举办了一次英国与荷兰之间的帆船比赛，比赛航线是从格林尼治到格来乌散德再返回格林尼治。18 世纪，帆船俱乐部和帆船协会相继诞生。1720 年前后，英、美、德、法、俄等国家先后成立了帆船俱乐部或帆船竞赛协会，各国之间经常进行大规模的帆船比赛，如 1870 年美国和英国举行了第一届著名的横渡大西洋“美洲杯”帆船比赛；1900 年举行第一次世界性的大型帆船赛。目前进入奥运会的帆船比赛项目共有 9 个级别，11 个项目。奥运会中的帆船比赛原为男女混合项目，从 1988 年奥运会起男女分设。

帆船比赛的规则

帆船比赛通常都采用奥林匹克梯形航线，参赛帆船的船体、装备或运动员身体的任何部分，在按照规定的比赛航程上绕过了所有规定的标志并触及终点线时，该船即结束该轮比赛。比赛一般进行 11 轮，前 10 轮选其中成绩最好的 9 轮计入总分，以运动员每一轮的成绩累积来计算每只帆船的名次。每一轮名次的得分为：第一名得 1 分，第二名得 2 分，第三名得 3 分，第四名得 4 分，以此类推。前 10 名的船进入决赛，即奖牌轮比赛，此轮比赛分数乘 2 后并入预算分数计总分。总成绩得分越少者名次越靠前。

赛艇运动

赛艇原是古埃及、古希腊和古罗马文明社会的一种运输工具，从19世纪时最早作为体育项目出现于维多利亚女王时代的英国。有记录的最早的划船比赛是在1716年。当时，参加比赛的选手要驾驶赛艇从泰晤士河边的一家酒馆划到五英里以外的另一家酒馆，英国人至今还保留着这一航行传统。后来，赛艇在世界各地进一步发展，真正带有竞技色彩的比赛则始于1829年牛津大学与剑桥大学在泰晤士河上进行的一次校际的比赛，此后该比赛被规定为每年一次。

赛艇是由一名或多名桨手坐在舟艇上，背向舟艇前进的方向，运用其肌肉力量，通过桨和桨架的简单杠杆作用进行划水使舟艇前进的一项水上运动。舟艇上可以有舵手，也可以无舵手。

赛艇是奥运会传统比赛项目之一。1896年第一届奥运会已将赛艇列为正式比赛项目，但由于天气恶劣临时取消。1900年第二届奥运会上举行了赛艇比赛，共设 6 个单项。但由于当时的比赛规则不完善，比赛的距离、航道和比赛细则都不是十分科学。1934 年，国际赛艇联合会规定比赛必须在 2000 米的直道上举行，宽度至少可容纳 3 条艇比赛。从 1976 年开始，允许女子运动员参加奥运会赛艇比赛。1996 年亚特兰大奥运会，轻量级赛艇比赛及新规则被引入奥运会，男子、女子同时设立了轻量级赛艇项目。

赛艇和中国也有着不浅的渊源，古时起我们就有赛龙舟的传统，龙舟和赛艇外形相似，但更具中国传统文化特色。直到近代，赛艇才开始慢慢在国内热起来，备受一些企业家和俱乐部的关注。

赛艇比赛的规则

赛艇比赛距离男、女均为 2000 米。每条航道宽 13.5 米。一般有 6 条航道，最多为 8 条航道。由于每场比赛的场地、气象、水文条件不一样，赛艇比赛不设绝对纪录。运动员应尽量在自己的航道内完成赛程，但由于桨手背向终点，因此运动员也可以划入他人航道，但不得影响他人的正常划行。比赛以艇首到达终点的先后顺序判定名次。

为什么古老的羊皮筏子能成为非物质文化遗产？

羊皮筏子，旧称“革船”，是生活在黄河沿岸的劳动人民重要的交通工具，民间一直流传“九曲黄河十八弯，筏子起身闯河关”之说。羊皮筏子既是黄河文化的重要组成部分，又承载着古代劳动人民的智慧结晶，如今它已成为黄河上下游各民族群众水上交通运输文化的历史符号，是黄河水文化不可或缺的组成因子，堪称黄河文化的活化石。

“皮筏”历史悠久，《旧唐书·东女列传》中有“用牛皮为船以渡”的记载，《宋史》中更是有“以羊皮为囊，吹气实之浮于水”的说法。羊皮筏子由清光绪年间兴起，距今已有300多年历史，主要分布于以兰州为中心的甘肃、青海、宁夏、内蒙古等地的黄河流域。筏子以羊皮为囊，充气、扎缚，以木架捆绑而成，分为400～600个皮囊的大型载货筏、360个皮囊的中型载货筏、330个皮囊的小型载货筏和13个皮囊组成的载人皮筏四种。它的特点是只能顺流而下，不能逆流而上，故有“下水人乘筏，上水筏乘人”之说。羊皮筏的优点在于体积小、质量轻、吃水浅，所有部件都可拆开，便于携带。

20世纪30年代，黄河流域的皮筏运输发展进入鼎盛时期，中游通航段皮筏多达120只。抗日战争爆发后，皮筏运输的重点转到军用品方面。抗战胜利后，皮筏运输的主要对象再次转移到日常商品物资上。1954—1956年，在包兰铁路修建和宁夏石嘴山煤矿建设期间，皮筏还承担了部分施工机械、钢轨钢材的运输。1958年8月，世界上第一条沙漠铁路——包兰铁路通车，黄河流域的大规模长途运输逐渐被铁路取代。由于现代交通工具的发达和交通设施的便捷，皮筏的主要功能已从货物运输和载人济渡逐渐转为旅游观光。为保护这一传承数百年的黄河流域文化遗产，2006年，兰州羊皮筏子被列入第一批甘肃省非物质文化遗产名录。

为什么说“羊皮筏子赛军舰”？

1941年底，抗日战争进入相持阶段后期。由于西南国际交通大动脉被日军截断，沿海港口被日海军封锁，作为战时陪都和抗战大后方的重庆，战略物资，特别是汽油十分紧缺。当时，甘肃的玉门油田已成为我国重要的石油生产基地。但怎样安全地把炼好的石油从玉门运到重庆，却是个十分棘手的问题。我国现代能源工业创办人和奠基人之一、当时的甘肃油矿局总经理孙越崎，经研究发现羊皮筏子吃水极浅，比轮船、木船更容易避开敌机轰炸，而嘉陵江冬天不结冰，长年能航运，如果用羊皮筏运输石油，或许可行。他随即找到兰州筏运业务负责人王信臣，聘请他主持皮筏运油事宜。

王信臣和孙越崎商议后，决定先在嘉陵江试航一次，摸清航路再正式航运。于是，王信臣在孙越崎的安排下，几经踏勘对比，将航运的起点选在四川广元，并选用400个皮囊扎成的大型皮筏装载1000多升汽油，启程试航。皮筏在两名精干筏工的掌舵下，沿嘉陵江顺流而下，成功地抵达目的地重庆。皮筏在嘉陵江上航运成功轰动了山城。为此，玉门油矿局举行了盛大的“欢迎皮筏航运队大会”，并摄制电影纪录片作为纪念。为了满足群众的好奇心，重庆当局决定将皮筏在化龙桥码头停放一段时间，供市民参观。后来，油矿局的工人贺维智经过仔细观察皮筏的航运过程，提出在皮胎中灌入汽油，在保证航行安全的前提下，增加皮筏的运载量。此方法经过可行性实验后，又大大增加了皮筏的汽油运载量。从此，嘉陵江波涛之上，满载汽油桶的皮筏顺流疾行，轻捷灵便，鱼贯而下，成为一道亮丽的风景，成就了一段“羊皮筏子赛军舰”的不朽传奇。

一直到1943年，运送汽油一年多之久的皮筏运输队圆满完成了运输任务，返回兰州。

为什么在端午节赛龙舟？

在你的家乡，端午节有哪些民俗活动呢？你见过龙舟吗？你知不知道人们为什么要在端午节赛龙舟呢？端午赛龙舟，是我国传承了两千多年的传统习俗，是一种具有浓郁的民俗文化色彩的群众性娱乐活动，但提到赛龙舟的起源，却众说纷纭。

纪念屈原

屈原是战国时期楚国的大臣，因他的政治主张遭到贵族子兰等人强烈反对，被赶出了都城，流放到沅湘流域。公元前278年，秦军攻破了楚国京都，屈原始终不忍舍弃自己祖国，于五月初五在写下绝笔作《怀沙》之后，抱石投汨罗江身死。楚国百姓非常伤心，纷纷涌到汨罗江边去凭吊屈原。渔夫们也划起船只，在江上来回打捞他的尸体，后来逐渐演变为如今的端午龙舟竞渡。

沅陵龙舟

关于龙舟竞渡的来历，也有人说早在战国之前的远古时期，沅陵的古人就通过竞渡的方式祭祀促进我国多民族繁衍发展的始祖盘瓠。2011 年 5 月，沅陵传统龙舟赛被列入国家级非物质文化遗产保护名录。

夏至节的娱乐活动

在我国的部分地区，龙舟是当地夏至时节的一种娱乐活动，每当夏日来临，民间便会举办传统的赛龙舟比赛。活灵活现的各式龙舟上，船夫们身穿彩衫，手持船橹，在欢呼声中划起美丽的波浪。

后来，赛龙舟还发展成了一种竞技项目，形成于 20 世纪 70 年代至 90 年代，其发展可追溯至 1976 年举行的香港龙舟邀请赛。此后，龙舟竞赛成为现代体育项目，热潮席卷全球 30 多个国家。

泰戈尔的《纸船》在文学表达上有什么特点？

泰戈尔（1861—1941），印度的多产作家。他从8岁开始习诗，在其60余年的创作生涯中，共写了50多部诗集。泰戈尔的诗歌，以高度凝练的语言艺术吸引、感染着一代又一代读者。1913年，泰戈尔因《吉檀迦利》而获诺贝尔文学奖，《纸船》是泰戈尔《新月集》中一篇别致的诗篇，诗中吟咏了伟大的母爱和珍贵的童心。

· 读完这首《纸船》，你有什么感受？

· 请找一找冰心写的《纸船》，读一读，你感觉两位诗人的表达有何不同？

纸船

［印度］泰戈尔

我每天把纸船放在急流的溪中。
我在纸船上用大黑字写上我的名字和我住的村名。
我希望住在异地的人会得到纸船，知道我是谁。
我把园中长的秀丽花栽在我的小船上，
希望这些黎明开的花能在夜里平平安安地带到岸上。
我投我的纸船到水里，仰望天空，看见小朵的云正张着满鼓着风的白帆。
我不知道天上有我的什么游伴把这些船放下来同我的船比赛！
夜来了，我的脸埋在手臂里，梦见我的纸船在子夜的星光下缓缓地浮泛前去。
睡仙坐在船里，带着满载梦的篮子。

为什么说李白的半生都是在船上度过的？

青年李白——胸襟开阔，满怀豪情

望天门山

唐·李白

天门中断①楚江开②，
碧水东流至此回③。
两岸青山相对出④，
孤帆一片日边来。

【注释】①中断：江水从中间隔断两山。②开：劈开，断开。③回：回旋，回转。④出：突出，出现。

这首诗意境开阔，气魄豪迈，音节和谐流畅，语言形象、生动，画面色彩鲜明。虽然只有短短的四句二十八个字，但它所构成的意境优美、壮阔，令人读罢恍若置身其中。诗人将读者的视野沿着烟波浩渺的长江，引向无限宽广的天地间，使人顿时觉得心胸开阔。从诗中可以感受到诗人李白对祖国大好河山的喜爱和豪放不羁的精神。

李白（701—762），字太白，号青莲居士，是唐代伟大的浪漫主义诗人，被后人誉为“诗仙”，与杜甫并称为“李杜”。有《李太白集》传世，代表诗作有《望庐山瀑布》《行路难》《蜀道难》《将进酒》《明堂赋》《早发白帝城》等。

中年李白——不敢消沉，豪情未改

宣州谢朓楼饯别校书叔云

唐·李白

弃我去者，昨日之日不可留，

乱我心者，今日之日多烦忧。

长风①万里送秋雁，对此②可以酣③高楼。

蓬莱文章④建安骨，中间小谢⑤又清发⑥。

俱怀⑦逸兴⑧壮思⑨飞，欲上青天揽明月。

抽刀断水水更流，举杯销愁愁更愁。

人生在世不称意，明朝散发⑩弄扁舟。

【注释】①长风：远风，大风。②此：指上句的长风秋雁的景色。③酣：畅饮。④蓬莱文章：借指李云的文章。⑤小谢：指谢朓。这里用以自喻。⑥清发：指清新秀发的诗风，发：诗文俊逸。⑦俱怀：两人都怀有。⑧逸兴：飘逸豪放的兴致，多指山水游兴，超远的意兴。⑨壮思：雄心壮志。⑩散发（fà）：不束冠，意谓不做官。这里是形容狂放不羁。

唐天宝十二年（753）的秋天，李白来到宣州，因一位官为校书郎的族叔李云将要离去，故李白于与其饯别之时写成此诗。本诗作为一首离别诗，构思新颖，以写愁绪抒发愤懑开头，格调慷慨悲凉，虽有无限哀伤苦闷，却并不消极无力，感情沉郁奔放，跌宕起伏，是一首脍炙人口的佳作。

老年李白——孤苦无依，人生无奈

秋浦歌①

唐·李白

秋浦长似秋，萧条使人愁。
客愁不可度②，行上东大楼③。
正西望长安，下见江水流。
寄言向江水，汝意忆侬不④。
遥传一掬⑤泪，为我达扬州。

【注释】①《秋浦歌》共十七首，是李白漫游至秋浦时所作的组诗。这组诗歌生活气息浓厚，具有民歌色彩，在表现手法上灵活多样，运用想象、夸张、白描等手法，描写景色，表现生活，反映了李白诗歌的特色。②不可度：又作“不可渡”。③大楼：即大楼山，在今安徽省贵池市。④侬：我国古代吴地方言称“我”为“侬”。不：同“否”。⑤掬（jū）：捧。

唐天宝三载（744）的春天，李白离开长安，“赐金还山”，在他长达十年的漫游生活中，写下了大量描绘祖国山河景色的诗篇。这首《秋浦歌》既表达了他客居他乡的羁旅之情，又包含了忧寄祖国的淡淡愁绪。

《乌篷船》表达了周作人怎样的思想感情?

乌篷船

周作人

子荣君：

接到手书，知道你要到我的故乡去，叫我给你一点什么指导。老实说，我的故乡，真正觉得可怀恋的地方，并不是那里；但是因为在那里生长，住过十多年，究竟知道一点情形，所以写这一封信告诉你。

我所要告诉你的，并不是那里的风土人情，那是写不尽的，但是你到那里一看也就会明白的，不必罗唆地多讲。我要说的是一种很有趣的东西，这便是船。你在家乡平常总坐人力车，电车，或是汽车，但在我的故乡那里这些都没有，除了在城内或山上是用轿子以外，普通代步都是用船。船有两种，普通坐的都是“乌篷船”，白篷的大抵作航船用，坐夜航船到西陵去也有特别的风趣，但是你总不便坐，所以我就可以不说了。乌篷船大的为“四明瓦”（Symenngoa），

小的为脚划船（划读uoa）亦称小船。但是最适用的还是在这中间的“三道”，亦即三明瓦。篷是半圆形的，用竹片编成，中夹竹箬，上涂黑油；在两扇“定篷”之间放着一扇遮阳，也是半圆的，木作格子，嵌着一片片的小鱼鳞，径约一寸，颇有点透明，略似玻璃而坚韧耐用，这就称为明瓦。三明瓦者，谓其中舱有两道，后舱有一道明瓦也。船尾用橹，大抵两支，船首有竹篙，用以定船。船头着眉目，状如老虎，但似在微笑，颇滑稽而不可怕，唯白篷船则无之。三道船篷之高大约可以使你直立，舱宽可以放下一顶方桌，四个人坐着打麻将，——这个恐怕你也已学会了罢？小船则真是一叶扁舟，你坐在船底席上，篷顶离你的头有两三寸，你的两手可以搁在左右的舷上，还把手都露出在外边。在这种船里仿佛是在水面上坐，靠近田岸去时泥土便和你的眼鼻接近，而且遇着风浪，或是坐得少不小心，就会船底朝天，发生危险，但是也颇有趣味，是水乡的一种特色。不过你总可以不必去坐，最好还是坐那三道船罢。

你如坐船出去，可是不能像坐电车的那样性急，立刻盼望走到。倘若出城，走三四十里路（我们那里的里程是很短，一里才及英里三分之一），来回总要预备一天。你坐在船上，应该是游山的态度，看看四周物色，随处可见的山，岸旁的乌桕，河边的红蓼和白苹，渔舍，各式各样的桥，困倦的时候睡在舱中拿出随笔来看，或者冲一碗清茶喝喝。偏门外的鉴湖一带，贺家池，壶觞左近，我都是喜欢的，或者往娄公埠骑驴去游兰亭（但我劝你还是步行，骑驴或者于你不很相宜），到得暮色苍然的时候进城上都挂着薜荔的东门来，倒是颇有趣味的事。倘若路上不平静，你

周作人（1885—1967），原名周櫆寿（后改为奎绶），字星杓。是鲁迅（周树人）之弟，周建人之兄，浙江绍兴人。中国现代散文家、文学理论家、评论家、诗人、翻译家、思想家。历任国立北京大学教授、东方文学系主任，燕京大学新文学系主任、客座教授。

《乌篷船》表达了周作人怎样的思想感情？

往杭州去时可于下午开船，黄昏时候的景色正最好看，只可惜这一带地方的名字我都忘记了。夜间睡在舱中，听水声橹声，来往船只的招呼声，以及乡间的犬吠鸡鸣，也都很有意思。雇一只船到乡下去看庙戏，可以了解中国旧戏的真趣味，而且在船上行动自如，要看就看，要睡就睡，要喝酒就喝酒，我觉得也可以算是理想的行乐法。只可惜讲维新以来这些演剧与迎会都已禁止，中产阶级的低能人别在“布业会馆”等处建起“海式”的戏场来，请大家买票看上海的猫儿戏。这些地方你千万不要去。——你到我那故乡，恐怕没有一个人认得，我又因为在教书不能陪你去玩，坐夜船，谈闲天，实在抱歉而且惆怅。川岛君夫妇现在偁山下，本来可以给你绍介，但是你到那里的时候他们恐怕已经离开故乡了。初寒，善自珍重，不尽。

十五年一月十八是夜，于北京

小小的浣花溪为何能泊“吴船”？

杜甫的《绝句》可以说是一首脍炙人口的佳作，这是他静坐于自家居所——草堂中写下的所观景致。杜甫草堂占地面积近300亩，至今仍完整保留着明弘治十三年（1500）和清嘉庆十六年（1811）修葺扩建时的建筑格局，建筑古朴典雅，园林清幽秀丽。杜甫先后在此居住近四年，创作诗歌240余首，可以说杜甫草堂是中国文学史上的一块圣地。

去过成都杜甫草堂的人，大多都见过草堂门外的浣花溪，这小小的沧浪湖和窄窄的浣花溪河道是如何停靠那些经峨江、穿三峡、直达“东吴”的大船的呢？

20世纪60年代中期，这个谜题终于被解开了。当时，成都市自来水公司的工作人员在青羊宫修建贮水池时，发现了一处古代水磨坊遗址，通过对该遗址的规模和配置进行研究，考古人员推算出唐朝时此处的河床远宽于现在人们见到的浣花溪。当时的河水流速更快、深度更深，因此，去往“东吴”的大船能停泊于此就不足为奇了。

如今的杜甫草堂已成为成都杜甫草堂博物馆，是国家首批重点文物保护单位，这一方静谧、葱郁的院落，守护着诗圣漂泊蜀中的数年岁月，也见证着杜甫为中国文学史留下的浓墨重彩的一笔。

绝句

唐·杜甫

两个黄鹂鸣翠柳，
一行白鹭上青天。
窗含西岭①千秋雪②，
门泊③东吴④万里船⑤。

【注释】①西岭：西岭雪山。②千秋雪：指西岭雪山上千年不化的积雪。③泊：停泊。④东吴：古时候吴国的领地，今江苏省一带。⑤万里船：不远万里开来的船只。

这首诗一句一景，全诗四句又融而为一，暗含着诗人内心的思绪。本诗表面上描绘的是生机盎然的屋外景色，暗中却表达了诗人对时光流逝的失落之意。

为什么郑和下西洋的壮举未能改变世界？

七律·郑和下西洋

滇池碧碧木盆黄，童梦成真浩气扬。
永乐满朝人济济，西洋万里水茫茫。
星牵沧海云帆耸，浪系天涯纽带长。
且看寺中来五谷，繁花灿灿入幽香。

明代航海家郑和（1371或1375—1433或1435），本姓马，小字三保，云南昆阳（今昆明市晋宁区）人，从小随祖父、父亲外出麦加朝圣，对海外了解甚多。明太祖时入宫做宦官，后燕王朱棣起兵，赐其郑姓，任内官监太监。明成祖朱棣执政后，国家趋于强盛，各国频频派使来中国访问，使中国的地位和威望不断地提高。为向其他国家展示中国的实力与强盛，同时寻找失踪的建文帝的下落，自明永乐三年（1405）起郑和奉旨七下西洋。

郑和率领船队七次远航，先后历时 28 年，总航程 5 万多公里，遍访 30 多个国家。下西洋的船队人数最多一次达 27800 人，船队中人员分工精细，以“钦差飞使总兵太监”郑和为首，配有正使太监、副使监丞、少监、内监、舍人、户部郎中等行政官员，都指挥、千户、百户、旗校、军力等军事人员，火长舵工、阴阳官（主管观测天文气象的人员）、班碇手、水手等航海技术人员，通事（翻译）、医士、工匠、书算、管带、教谕、厨役等技术、管理人员。郑和的远洋船队，一般以 60 多艘大、中号“宝船”为主体，加上其他类型的船舶，共百余艘，最多的一次整个船队共有 208 艘船舶。郑和航海所用的大腙宝船，是一种大型海船，外观装饰华丽，船首上方雕有头面兽，下部有圆月形和水波纹，船头两侧置设一对炯炯有神的龙眼，犹如苍龙入海。一号宝船由郑和等官员乘坐，分为头门、仪门、穿堂、后堂、库司、侧屋、书房等区域，船体雕梁画栋、壮丽无比，俨然是一座水上宫殿。整个船队在郑和的带领下舰船云帆高张，昼夜星驰，涉彼狂澜，若履通衢，这支庞大的航海队伍称绝古代航海史。郑和船队每次远航都会满载绸缎、彩绢、罗绫、印花布、纱罗、瓷器、雨伞、铜器、钱币等物赏赐诸番邦首领，并在对各国进行通商贸易时，带回沿途诸国的宝石、火珠、香料、珍珠等。郑和的七次航行，不仅促进了我国造船、航海业的发展，还为中国与亚非各国之间经济、文化交流做出了重大贡献。

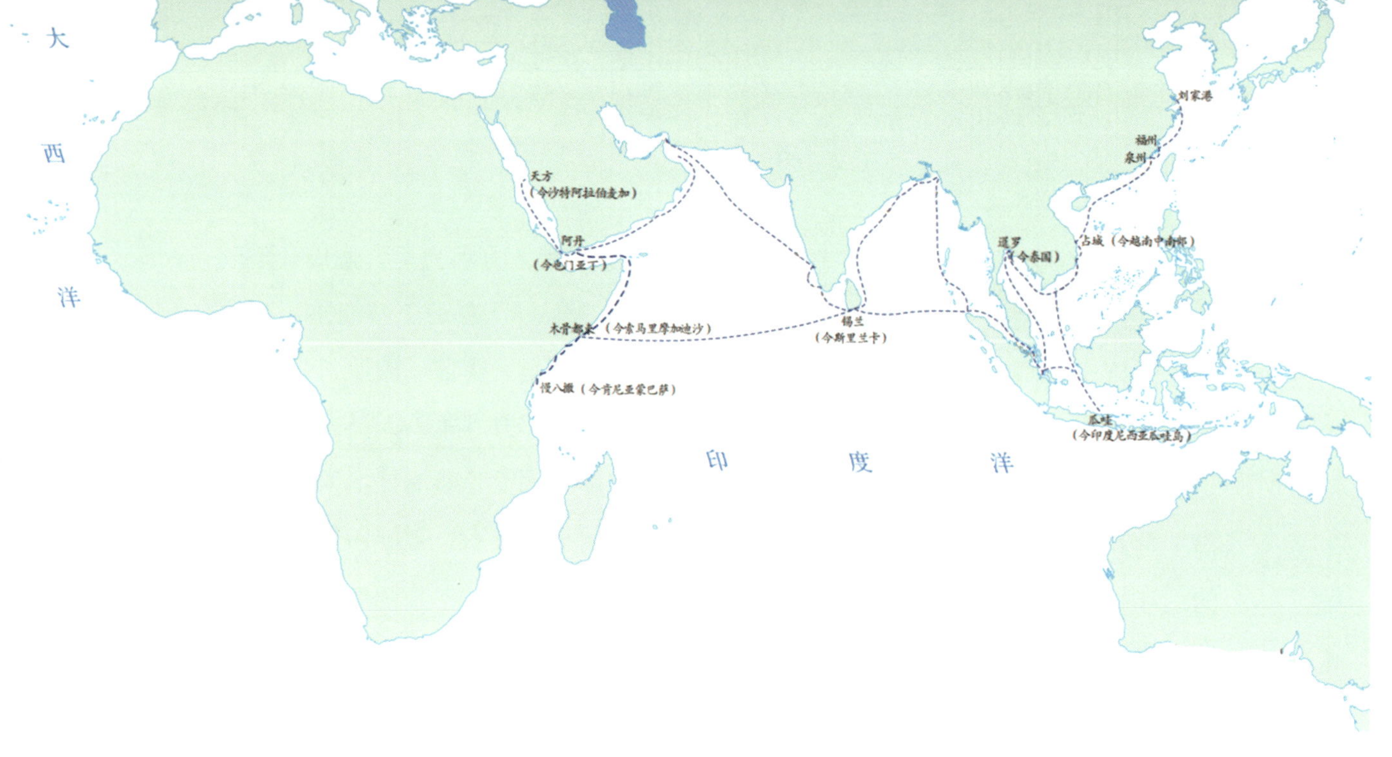

15～16世纪，哥伦布和麦哲伦的航海船队人员均超过300人，可见郑和远航不仅在时间上远远早于西方航海家，在规模和人员数量上也遥遥领先。可为什么郑和的航海行动没有像西方航海家那样，产生改变世界的影响呢？那是由于郑和七下西洋主要是为了达到明朝政府的政治目的，当明成祖的攘外安内的政治目的达成后，也就不需要郑和再进行海上出访了。而15～16世纪的西方正值文艺复兴时期，受地域和资源限制，他们迫切希望与东方诸国进行文化与经济的交流往来，为自身发展寻找新的空间和机遇。因此，大航海时代的到来使世界真正开始连为一体，促进了经济全球化进程，而明朝在郑和七次下西洋后便逐渐开始实施海禁政策，从而使当时的中国与人类社会史上一次伟大的转折擦身而过。

大航海时代的环球航行对人类社会的发展产生了怎样的影响？

15～16 世纪，整个世界格局发生了深刻的变化，东西方都处于经济繁荣、贸易繁盛、航海技术大发展的时期。1492 年 8 月 3 日，哥伦布受西班牙国王派遣，带着给印度君主和中国皇帝的国书，率三艘百余吨的帆船，从西班牙巴罗斯港扬帆驶出大西洋，直向正西航去。历经七十多个昼夜的艰苦航行，1492 年 10 月 12 日凌晨他们终于发现了陆地。当时的哥伦布以为自己到达了印度，其实他到达的却是现在中美洲的加勒比海中的巴哈马群岛，他当时将其命名为圣萨尔瓦多。其后不久，西班牙国王决定再次派哥伦布远航。这次，哥伦布先后到达多米尼加、海地等地。此后，哥伦布又两次到达美洲，但他始终认为自己到达的是印度。

麦哲伦是大航海时代的另一位著名探险家，他是第一个成功实现环球航行的人。1519 年，他率领五艘船，带领约 270 人，开始了他的环球航行。在航行过程中，他经历了多次艰险和挑战，最终于 1522 年成功完成了环球航行。这一事件标志着欧洲人首次跨越了全球，同时也为后来帝国主义的殖民扩张和贸易活动奠定了基础。

大航海时代打开了欧洲与其他地区之间的全新贸易路线，加速了世界贸易的发展。在这一时期，欧洲的商人和贸易家开始进入美洲和亚洲等地，与当地商人和贸易家进行贸易往来。这一活动不仅给欧洲带来了物质上的财富，也促进了不同地区文化和思想的交流，推动了人类社会的发展。全球化进程加快后，除了经济贸易上的交流变得更频繁，欧洲国家也开始了殖民扩张，大量的探险家和商人开始在美洲大陆建立殖民地，剥削当地劳动力，这些行为重创了美洲的印第安文明随之而来的黑奴贸易，也给非洲人民带来了沉重灾难。

威尼斯小艇里承载了哪些别样的异国风情？

威尼斯的小艇

[美国] 马克·吐温

威尼斯是世界闻名的水上城市，河道纵横交错，小艇成了主要的交通工具，等于大街上的汽车。

威尼斯的小艇有二三十英尺长，又窄又深，有点像独木舟。船头和船艄向上翘起，像挂在天边的新月，行动轻快灵活，仿佛田沟里的水蛇。

我们坐在船舱里，皮垫子软软的像沙发一般。小艇穿过一座座形式不同的石桥，我们打开窗帘，望望耸立在两岸的古建筑，跟来往的船只打招呼，有说不完的情趣。

船夫的驾驶技术特别好。行船的速度极快，来往船只很多，他操纵自如，毫不手忙脚乱。不管怎么拥挤，他总能左拐右拐地挤过去。遇到极窄的地方，他总能平稳地穿过，而且速度非常快，还能急转弯。两边的建筑飞一般地往后倒退，我们的眼睛忙极了，不知看哪一处好。

商人夹了大包的货物，匆匆走下小艇，沿河做生意。青年妇女在小艇里高声谈笑。许多孩子由保姆伴着，坐着小艇到郊外去呼吸新鲜的空气。老人带了全家，坐着小艇上教堂去作祷告。

半夜，戏院散场了。一大群人拥出来，走上了各自雇好的小艇。簇拥在一起的小艇一会儿就散开了，消失在弯曲的河道中，传来一片哗笑和告别的声音。水面上渐渐沉寂，只见月亮的影子在水中摇晃。高大的石头建筑耸立在河边，古老的桥梁横在水上，大大小小的船都停泊在码头上。静寂笼罩着这座水上城市，古老的威尼斯又沉沉地入睡了。

《威尼斯的小艇》是美国作家马克·吐温的作品，在这篇文章中，作者以一个外国游客的身份描述了他眼中的威尼斯小艇。作为一个美国人，他笔下的威尼斯充满了异国风情。我们不妨试想，作为一个初到威尼斯的外国人，对威尼斯的小艇会有哪些印象呢？没有去过威尼斯的读者可能会想从哪些方面了解威尼斯的小艇呢？马克·吐温从外国游客和作家的双重身份出发，向读者介绍了他眼中的这座世界闻名的水上城市，以及那穿梭在城市“街道”中的小艇。

你从中读出威尼斯小艇的可爱和这座城市的独特魅力了吗？

为什么人们对航海主题的影片情有独钟？

回顾历史长河，人类总是向往着未知和探索，而航海家们则是踏足过人类最深、最远、最险的地方的勇士，展现他们的探索精神的航海主题影片吸引着一代又一代人。

《180° 以南》

影片讲述了美国的冒险家杰夫・约翰逊，驾船环绕半个地球，成功攀登上科罗纳多巅峰的过程。在探索自然的过程中，他体会到人生的快乐，也深刻领悟到保护自然，是人类生生不息的使命。

2007 年，探险家杰夫・约翰逊驾驶着名叫“北极熊”的帆船，开始了前往巴塔哥尼亚的探险旅行。在墨西哥的太平洋上漂流了一个月之后，2007 年 11 月，他们到达了加拉帕戈斯群岛，这里是野生动物的天堂，居住着海龟、海鸟、蜥蜴等生物。在随后的航行中，他们的桅杆在暴风雨中被折断，小船漂流到了

复活岛。在那里，杰夫认识了新朋友玛可，她带杰夫领略了很多神秘的地方。2008 年 2 月 8 日，杰夫一行终于到达了巴塔哥尼亚，成功攀登了科罗纳多巅峰。回到家乡后，他便联合众多同行与环保人士，启动一系列保护自然的项目。

《一切尽失》

在灾难与孤独面前，你还有什么可放弃的？距苏门答腊海峡 1700 海里的一名远赴印度洋独自航行的男子或许能给你答案。航海途中的劫难似乎使他一切尽失：故事开始的 8 天前，他的帆船与一个掉入海里的集装箱相撞，船舱无法遏止地进水，无以修复。随之而来的厄运，如海上的暴风雨般席卷了他的一切生机。这是一出精彩出色的独角戏，面对绝望恐惧的求生大战，只要不放弃，就还有希望。

附录 相关作品推荐

《船》

（美）大卫·麦考利著，刘勇军译
江苏凤凰少年儿童出版社

《船》这部小说以一种引人入胜的方式，探索了造船和海洋考古学领域，故事内容通俗易懂又富有吸引力，同时兼具浓厚的神秘色彩。

《轮船史》

杨槱著 上海交通大学出版社

本书以简练的笔法，扼要地叙述了各种轮船的发展过程，是一本科学性较强的科普读物。

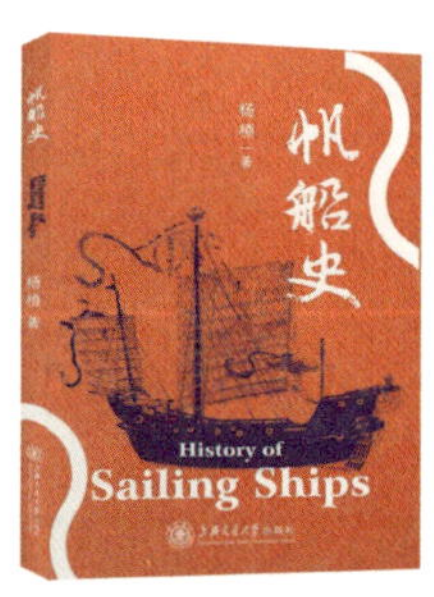

《帆船史》

杨槱著 上海交通大学出版社

本书旨在宣扬帆船文化和海洋文化，对世界各地区帆船的特点、发展过程、著名的航海业绩与海上战斗以及有关的著名人物等，都进行了简明扼要的叙述。

《中国古代造船史》

席龙飞著 武汉大学出版社

书中以朝代为序，结合历史文献及出土实物，对中国古代船舶的起源、发展及各个历史时期船舶的特点进行了详细的考察，并对中西船舶发展历史进行了比较。

《船文化》

席龙飞、宋颖撰著 人民交通出版社

书中以时间为纵向经脉，以典型舟船为横向纬线，缀以有趣的舟船故事，清晰地阐述了船舶的人文内涵及其社会经济意义等。

《世界历史上的跨文化贸易》

（美）菲利普·D. 柯丁著，鲍晨译
山东画报出版社

本书贯穿整个世界历史的各不同文化民族间的贸易，勾画出更宽泛的人类发展模式，运用中心区理论解释了世界主要贸易中心的发展命运。

《航道文化》

方大怀主编 人民交通出版社

本书遵循文化建设的理论，紧密结合行业的特征，从物质实体层面反映航道的精神文化、制度文化、行为文化，以开阔的视野和纵深的思维，梳理了航道文化的历史脉络，概括了航道文化的本质特征，提炼了航道文化的核心精神。

《中国古代造船与航海》

金秋鹏著 中国国际广播出版社

我国是一个水域宽广的国家，初期，人们行路多以陆路为主，但对很多依水而居的百姓而言，水路似乎更为便捷，于是先有了舟，后有了船，并逐渐从湖面行驶到江面乃至于广阔的海面。中国的造船技术便在时光的演变中完成了一次又一次的技术革新与飞跃。

《古船与航行的秘密》

宁波中国港口博物馆编 宁波出版社

本书以通俗易懂的语言，介绍中国古船的发展演变、明清时期的木船种类、木帆船的船体结构和科学奥秘等与古船有关的方方面面的知识，并涉及船上的生活、船出海航行需要的器具和需要掌握的技能等相关知识。

《船说——走进中国船文化》

张依莉编著　东南大学出版社

全书介绍了从古舟船诞生到现代船舶建造的主要过程及必要的舟船知识，从舟船的起源、航行的条件到舟船前进的动力和技术说明；从舟船的家族、建造到历史节点上的著名舟船，涵盖考古、历史、文学等相关领域。

《中国造船通史》

席龙飞著　海洋出版社

将中国古代的造船技术和成就置于中华文明演进的脉络中去研究，书中对河姆渡新石器文化遗址出土雕花木桨的研究、对战国中山王墓葬船的探索等，都凸显了舟船文化在我国发展历史中的重要地位。

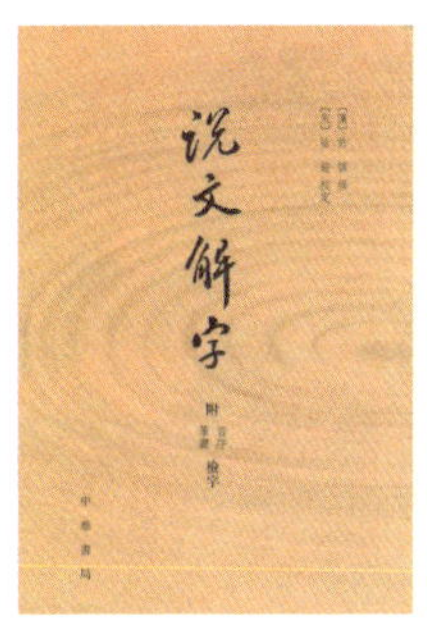

《说文解字》

许慎著，徐铉校定　中华书局

《说文解字》开创了部首检字的先河，段玉裁称这部书“此前古未有之书，许君之所独创”。

《唐诗三百首》

顾青编注　中华书局

唐诗题材宽泛，众体兼备，格调高雅，是中国诗歌发展史上的奇迹，对中国文学的影响极为深远。

《郑和传》

吴兴勇著　中国海洋大学出版社

明代大航海家郑和受命七次下西洋，与沿海各国进行了深入的经济贸易与文化交流，使大明王朝声威远播。

《丝绸之路：一部全新的世界史》

（英）彼得·弗兰科潘著　浙江大学出版社

两千年来，丝绸之路深刻影响着人类文明的进程，翻开这部包罗万象的史诗巨著，我们将会看到丝绸之路的历史就是一部浓缩的世界史，丝绸之路就是人类文明最耀眼的舞台。

《左宗棠》

阮梅著　湖南少年儿童出版社

《左宗棠》是一部以青少年为读者对象创作的著名历史人物传记，作品以细致的笔墨带领读者回到晚清历史现场，讲述左宗棠的少年成长故事，还原左宗棠不畏艰险、挺身任事、以身报国的奋斗历程。

《天下黄河》

张真宇，蔺生睿著　河南文艺出版社

这是一部从时间和空间的不同维度解读黄河的泛文化读本，从水文的角度阐述了历代对黄河治理和管护的实践、探索、得失与反思，从文明和科技两条线为读者提供了认识黄河的全新视角。

《街巷旧事》

邓明著　甘肃文化出版社

书中以兰州现今地名为标题，括注所含老地名，分写该地名的来历、含义、沿革，并捕捉晚晴、民国以降与此地名有关的人文历史碎片，以期留一份城关区社会记忆，令读者感受兰州老街巷的历史文化魅力。

图书在版编目（CIP）数据

船 / 林良徵主编；张文博，田万会，李钢本册主编．
— 济南：济南出版社，2023.11
（万物启蒙）
ISBN 978-7-5488-5958-1

Ⅰ．①船… Ⅱ．①林… ②张… ③田… ④李… Ⅲ．
①船舶—青少年读物 Ⅳ．① U674-49

中国国家版本馆 CIP 数据核字（2023）第 220059 号

船　CHUAN
林良徵　主编　张文博　田万会　李　钢　本册主编

出 版 人　田俊林
责任编辑　韩宝娟　李冰颖
插　　图　王京林　黄嶷沛
封面设计　刘　畅

出版发行　济南出版社
地　　址　山东省济南市二环南路 1 号（250002）
总 编 室　（0531）86131715
印　　刷　济南鲁艺彩印有限公司
版　　次　2023 年 11 月第 1 版
印　　次　2023 年 11 月第 1 次印刷
成品尺寸　210mm×270mm　16 开
印　　张　5
字　　数　80 千
审 图 号　GS 鲁（2023）0338 号
定　　价　48.00 元